Johannes Reimer

Leiten durch Verkündigung

Eine unentdeckte Dimension

BRUNNEN
VERLAG GIESSEN · BASEL

Band 7 der Edition AcF
Die Edition AcF wird herausgegeben
von der Akademie für christliche Führungskräfte,
Furtwänglerstraße 10, 51643 Gummersbach
Tel. 02261-80 72 27, www.acf.de

www.brunnen-verlag.de
Umschlaggestaltung: Ralf Simon
Satz: Die Feder GmbH, Wetzlar
Herstellung: St.-Johannis-Druckerei, Lahr
ISBN 3-7655-1327-X

Inhalt

Vorwort

Joachim Braun (1996:29) erzählt in seinen Erinnerungen folgende Begebenheit aus seinem Pfarrdienst in Berlin: „Als ich am Sonntagmorgen im Talar in der Sakristei stand und auf die Kanzel gehen wollte, merkte ich, dass ich so nicht mehr predigen konnte. Aber ich hatte doch gar nichts anderes, was sollte ich sagen? Während ich die Kanzeltreppe hinaufging, gab es in mir einen Kampf, den ich nur andeuten kann: ‚Wirf die Predigt weg!' – ‚Wirf sie nicht weg!' – ‚Wirf die Predigt weg!'

Als ich oben stand, warf ich sie tatsächlich auf den Kanzelboden und stellte meinen Fuß darauf. Die Gemeinde hatte noch zwei Verse zu singen. Ich war gespannt und wusste nicht, wie es weitergehen sollte. Das Lied war beendet. Die Leute guckten zu mir herauf. In dem Augenblick kam das Wort und ich begann: ‚Liebe Gemeinde, ich habe für den heutigen Sonntag eine Predigt vorbereitet. Diese Predigt kann ich heute nicht mehr halten. Sie liegt auf dem Kanzelboden und mein Fuß steht darauf. Darf ich euch berichten, warum mein Fuß auf der alten Predigt steht?' Ich berichtete von dem Tag im Lazaruskrankenhaus und sagte: ‚Ich glaube, ich habe die größte Entdeckung gemacht, die ein Mensch in seinem Leben machen kann. Ich bin Gott begegnet. Nicht dem Wort ‚Gott', nicht irgendeiner Idee oder Philosophie über Gott, sondern Gott selber.' So schlicht kann eine Predigt sein, dass jemand sagt: ‚Ich kann meine alte Predigt nicht mehr halten, ich will euch berichten warum.' Und diese schlichte Predigt schlug in der Gemeinde ein. ... Damit begann eine kleine Erweckung, die zuerst bei mir, dann bei jungen Menschen anfing und auf die älteren überging."

Pfarrer Braun war ein guter und überaus gefragter Prediger in der Luisenstadtkirche im Zentrum Berlins. Doch sein Predigtdienst richtete wenig, sehr wenig aus, bis er in seiner Predigtarbeit

Gott die Führung übergab. „… ich habe gemerkt, er führt mich doch zum Ziele, wenn ich nur die Führung abgebe“, schreibt Braun (:30). Dass sich dabei auch sein Predigtstil änderte, ist eine fast selbstverständliche Folge.

„Wirf die alte Predigt weg!“ Zu gerne würde ich diesen Satz all denjenigen Kollegen zurufen, die sich über Jahre auf der Kanzel abmühen, ohne die erwünschten Erfolge auch nur annähernd zu erreichen. Ihre Predigten sind gut durchdacht und logisch aufgebaut. Sie bedienen sich in ihrer Vorbereitung der besten Exegese der biblischen Texte und haben rhetorisch einiges drauf. Nur das gewünschte Ergebnis bleibt aus. Warum?

Mit über einem Vierteljahrhundert Predigterfahrung kenne ich das Gefühl der Erfolglosigkeit als Prediger sehr gut. Und es gab auch in meinem Leben wiederholt Tage, an denen meine alte Predigt unter meinen Füßen landen musste. Doch dann führte Gott weiter in bis dahin ungeahnte Dimensionen seines Wortes. Eine dieser Erfahrungen hatte mit der Entdeckung der Predigt als *Führungsmittel*, ja als dem eigentlichen Führungsmittel des Gemeindehirten, zu tun.

Nach einer gut gelungenen Predigt habe ich oft gedacht: „Diese Predigt werden bestimmt alle behalten – bei der guten Einleitung und Exegese, bei der konsequenten Umsetzung in den Gemeindealltag.“ Ich war von meiner Predigt begeistert – nur um dann wenige Tage später bitter enttäuscht zu werden. Schon beim ersten Besuch danach konnten selbst meine treusten Gemeindeglieder mir nicht mehr sagen, worüber ich am Sonntag gepredigt hatte. Gut sei sie gewesen, war die höfliche Antwort. Doch was nutzt ein Wort, das nicht mehr hinterlässt als das Gefühl, etwas Gutes gehört zu haben? Ich wollte und konnte mich damit nicht zufrieden geben. Also feilte ich noch mehr an meinen Predigten, schrieb sie wortwörtlich aus und ließ mir die besten Gegenstandslektionen einfallen. Gut, manchmal blieben meine Predigten bei den Zuhörern lebhaft in Erinnerung, wenigstens bei einigen. Entscheidende Veränderungen im Leben der Gemeinde, die ich konkret auf das gepredigte Wort Gottes beziehen konnte, entdeckte ich dagegen eher selten. Es war gelegentlich zum Verzweifeln!

Die Antwort kam – wie so oft völlig unerwartet – aus dem Munde eines alten Presbyters, dem guten Johannes Schreiber. „Du musst weniger schön reden in deinen Predigten, sondern führen. Deine Hörer wollen *angeleitet* werden. Wer führt, der hat ein Ziel. Hast du ein Ziel? Führst du? Oder predigst du nur?" Zugegeben, diese Worte trafen mich wie ein Blitz aus heiterem Himmel. Ich konnte mich nicht daran erinnern, dass man mir so etwas in meiner theologischen Ausbildung gesagt hätte. Semesterlang wurde da geübt, wie man eine gute Predigt vorbereitet. Natürlich war auch die Rede von der Führung durch den Heiligen Geist. Aber die Predigt ist – so dachte ich – immer ein in die konkrete Situation hineingesprochenes und in sich völlig abgeschlossenes Wort. Unter „Führung" stellte ich mir dagegen einen Prozess vor, einen Werdegang, der vielleicht Jahre dauern konnte. Wollte ich durch die Predigt führen, dann müsste meine Predigt viel mehr leisten, als nur ein richtiges Wort für den bestimmten Sonntag zu formulieren.

Nein, ich habe es Pfarrer Braun nicht gleich getan und meine alten Predigten nicht sofort weggeworfen. Es hat noch Jahre gedauert. Gott nahm mich in einen Lernprozess hinein. Die Ergebnisse dieses Lernprozesses liegen in gewisser Hinsicht in diesem Buch zusammengefasst vor. Die wissenschaftliche Reflektion darf dabei diesen aus der Praxis entstandenen Impuls nicht überschatten. Und so hoffe ich, dass dieses Buch sowohl die homiletische Diskussion als auch die Praxis der Predigtarbeit in Ihrem Gemeindealltag bereichert.

Das vorliegende Manuskript entstammt einer Vorlesung zur Einführung in die Thematik. Es ist nur unwesentlich für die Drucklegung ergänzt worden. Vieles ist in Grundkonturen angedacht und soll eine Diskussion anregen. Der Umfang des Buches lässt nur wenig Raum für eine noch detailliertere Diskussion.

In dieser Einführung ins Thema „Leiten durch Verkündigung“ ist es mir vor allem um den Prozess der Leitung gegangen. Fast nichts ist zur Arbeit am Text der Heiligen Schrift selbst und am Text der Verkündigung gesagt worden. Wie liest man den biblischen Text als apostolisch denkender Ältester, als prophetisch Begabter, als Evangelist, Hirte und Lehrer? Wo findet man die entscheidenden Passagen zu einer theologischen Grundlegung dieser Dienste? Welche Texte sind für die Führung der Gemeinde geeignet? Wie eignet man sich diese an? Und schließlich, wie formuliert man eine entsprechende Predigt? Das sind alles Fragen, die unbedingt beantwortet werden müssen. In diesem Buch wird man sie vergeblich suchen. Nicht, weil die Predigt-Erarbeitung unwichtig wäre, oder bereits alles dazu geschrieben worden wäre. Vielmehr umgekehrt – einige der hier besprochenen Bereiche der Verkündigung werden in der heutigen Homiletik eher stiefmütterlich behandelt. So findet man nur relativ wenig zur apostolischen oder prophetischen Verkündigung in den Predigtlehren. Die Arbeit am Text und an der Umsetzung der Botschaft in konkreter Predigt wird nahezu durchgehend generisch (die jeweilige Gattung betreffend) behandelt. Leider. Wie und wo aber sollen „Propheten“ prophetisch, „Apostel“ apostolisch und Hirten seelsorgerlich predigen lernen, wenn sie es nicht gelehrt bekommen? Ist ihre Predigt deshalb oft so wirkungslos?

Die Absicht, die ich mit diesem Buch verfolge, ist eine andere. Hier soll die grundsätzliche Beziehung zwischen Leitung und Verkündigung sowie deren praktische Umsetzung besprochen werden. Selbst hier sind die angesprochenen Themen noch zu umfassend, um in einer kurzen Einführung adäquat behandelt werden zu können. Dennoch hoffe ich, dass der aufmerksame Leser die Literaturhinweise beachtet und weiter fragt und arbeitet. So kann gewissermaßen ein Gespräch beginnen, das längst fällig ist. Gewinnen kann dabei unsere viel gescholtene Verkündigung und die Hörer, die es verdient haben, Gottes Wort in aller Klarheit zu hören und zu verstehen.

Bergneustadt im Januar 2004 Dr. Johannes Reimer

Einleitung

Gottes Anliegen – Kirche mit Qualität

„Nach der Vernunft ist es wahr, dass Gott der größte Narr aller Narren ist, dass er seine Sache mit dem Wort und mit der Predigt anrichtet und untersteht sich, die Leute zu führen mit der Predigt.“[1] Diese Worte Martin Luthers treffen genau das, was ich empfand, als ich mich zum ersten Mal mit dem Thema „Leiten durch Verkündigung“ beschäftigte. In den verschiedenen homiletischen Entwürfen findet sich relativ wenig zum Thema. Hat man die Brisanz der Thematik nicht erkannt, oder gar die Fragestellung für belanglos gehalten? Martin Luther jedenfalls glaubte fest daran, dass man Christen nur dann zum Glauben führen und im Glauben erhalten könne, wenn man ihnen Gottes Wort recht austeilt. Für ihn war geistliche Führung mit der Verkündigung des Wortes Gottes nahezu identisch, wobei das *sola scriptura* („allein die Heilige Schrift“) hier dem *sola fide* („allein durch den Glauben“) vorangeht.

Ganz anders dagegen in der modernen homiletischen Literatur: Wenn der Begriff „leiten“ überhaupt vorkommt, dann im Bereich der pastoralen Homiletik. So versucht Wolfgang Trillhaas (1964:150ff) den Dienst am Wort als Hirtenamt zu begreifen. Ähnlich argumentiert auch Theo Sorg (1984:44) oder Lloyd Elder mit Frank R. Lewis (1998). Entsprechende Ansätze lassen sich auch bei Rudolf Bohren (1974) entdecken. Man ahnt, wie Klippert (1995:21) es ausdrückt, dass die „entscheidende Frage“ in Bezug auf die Predigt etwas mit der Hinführung des Menschen

[1] In: Kampffmeyer 1980: 34

zu einem ganz Gott hingegebenen Leben zu tun hat. Eine systematische Aufarbeitung dieses Themas fehlt dagegen auch in diesen Werken. Es ist zu vermuten, dass dies mit der „Verkennung der Aufgabe“ der Predigt (Engemann 2002:63f) zusammenhängt.

Ein überaus anschauliches Beispiel für Leitung durch Verkündigung gibt uns hingegen der amerikanische Spezialist für Leiterschaftsfragen John C. Maxwell in einem Interview der Zeitschrift Preaching (www.preaching.org). Hier finden sich im Ansatz die wichtigsten Elemente einer Theologie des Leitens durch Verkündigung.

Wir befinden uns also (noch) auf relativ einsamem Posten, wenn wir uns der evangelischen Predigt einmal aus dem Blickwinkel der Leitung zu nähern wagen. Doch das Wagnis lohnt sich, gilt doch die Predigt seit Jahrzehnten als ausgemachtes Sorgenkind der Praktischen Theologie. Die gewählte Perspektive wird unsere Vorstellung von der Aufgabe der Predigt nicht nur bereichern, sondern auch dazu verhelfen, die viel beklagte Predigtmüdigkeit in unseren Gemeinden zu beenden. Erinnert sei an das Wort Gerhard Ebelings (1959:9): „Es gehört eine ziemliche Portion guten Willens dazu, angesichts des durchschnittlichen Predigtgeschehens nicht gelangweilt oder zornig, sarkastisch oder tieftraurig zu werden. Was wird landauf, landab für ein Aufwand für die Verkündigung des christlichen Glaubens getrieben. Aber ist es nicht – von wenigen Ausnahmen abgesehen – die institutionell gesicherte Belanglosigkeit?“ Diese Worte, bereits 1959 geäußert, haben auch heute noch ihre Gültigkeit. Liegt es möglicherweise doch daran, dass der Aufwand an Literatur zum Thema Predigt sich eher mit der technischen Seite der Predigt beschäftigt? Dort steht die Darbietung der Rede (des Vortrags) an sich im Mittelpunkt aller Erwägung. Die Predigt hingegen mit ihrer spezifischen Aufgabe der Kommunikation zwischen Mensch und Gott durch den Verkündiger bleibt unerkannt. Bessere Redner sind aber noch lange nicht bessere Prediger. Die Predigt wurde nicht zu Unrecht als Ernstfall der Theologie (Haas/Haug 1968:3) und nicht der Rhetorik bezeichnet. Es gilt ganz neu, DAS WORT und nicht nur eine bessere Predigt-Methode zu finden; das „verlorene Wort“, wie Thielicke (1986) es bezeichnete; eine gesunde Theologie, die auf Feuer gesetzt werden kann (Lloyd-Jones in: Klippert 1995:20).[2]

„Eine Homiletik ohne pastoraltheologischem Teil ist unvollkommen“ (Trillhaas 1964:150). Diesen pastoraltheologischen Teil der evangelischen Predigtlehre in praktische Konzepte der Leitung durch Verkündigung oder – noch besser – kerygmatische Leitung umzusetzen, ist eine dringende Aufgabe der Zukunft. Denn Leitung und Predigt gehören unzertrennbar zusammen, wie ein führende Leiterschaftsexperte unserer Tage, John C. Maxwell, verdeutlicht: „Alle großen Leiter waren effektive Kommunikatoren. (Kommunikation) ist das Vehikel für die Vision. Für mich steht fest: Wenn ich weiß, wohin ich eine Gruppe von Menschen führen will, aber nicht über die Fähigkeit verfüge, diese Vision in Worte zu kleiden, sie als Botschaft zu predigen und das Herz der Sache zu kommunizieren, dann wird der Traum nie Wirklichkeit. Die Vision wird nicht verwirklicht. Darin liegt einer der wichtigsten Gründe, warum ich so viel nicht nur über Führung lehre, sondern über Kommunikation; beide Begriffe sind nämlich kompatibel. Zeige mir eine große Führungskraft und ich zeige dir eine Person, die ein/e hervorragende(r) Leiter/in geworden ist, weil sie es verstand, effektiv zu kommunizieren. Du kannst ein guter Prediger sein und gleichzeitig kein guter Leiter, aber du kannst kein guter Leiter sein, ohne zugleich ein guter Prediger oder

[2] Es ist dabei wichtig, dass die Suche nach einer homiletischen Theorie sich der Praxis der Predigt verpflichtet weiß. Das homiletisch reflektierte Wort ist somit immer nur das zur Fleischwerdung drängende Wort. So gesehen kann eine moderne Predigtlehre nur „a homiletic theory for the practice of preaching“ (Peterse 1987: viii) sein.

Kommunikator zu sein. Du musst fähig sein, die Vision kommunizieren zu können.“ (Duduit 2001:1).

Man kann also nicht ein guter Leiter sein, ohne zugleich ein guter Kommunikator zu sein (Blackaby 2001:83). Der ehrwürdige Martin Luther hatte wohl doch Recht – Gott führt durch sein Wort. Wir, die wir dieses Wort auszulegen wagen, sollten daher seinen Ansatz verstehen und umsetzen, wo immer es möglich ist. Vielleicht kann dann nicht nur die Predigtmüdigkeit der Pastoren, sondern auch ihre Unfähigkeit, die Gemeinde Jesu effektiv zu leiten, behoben werden. Denn neben der Sorge um die effektive Predigt in der Gemeinde ist längst die Sorge um die Leitung getreten. George Barna, der eine Untersuchung zum Thema Leitung in den meisten christlichen Denominationen der USA durchführte, stellte überrascht fest, dass nur sechs Prozent der befragten Pastoren mit einem klaren Ja die Frage nach der bei ihnen vorhandenen Gabe der Leitung beantworteten (Barna 2001:12f; Blackaby 2001:31). In Deutschland, wo das Thema Leiterschaft erst langsam als Ausbildungsthema Einzug hält, wird die Situation nicht besser sein. So ist auch aus dieser Perspektive die Klärung der Korrelation Leitung – Verkündigung von großer Bedeutung.

Noch ein Wort zu dem von mir gewählten Begriff der *kerygmatischen* Leitung: Kerygmatisch ist abgeleitet vom griechischen *keryssein*, das so viel bedeutet wie „Gottes Wort im Namen Gottes den Menschen verkündigen“ (Stier 1844:2). Rudolf Stier (1844:2,151) verlangte bereits Mitte des 19. Jahrhunderts, die Predigtlehre konsequent als „Keryktik“ zu begreifen. Jede Predigt habe missionarische Ziele zu verfolgen, da der natürliche Mensch immer zuerst vom Wort Gottes in seinem sündigen Zustand angesprochen werden müsse, um dann in die Veränderung durch

Gottes Geist hineingenommen zu werden.[3] Kerygmatische Leitung ist daher Leitung, die sich unmittelbarer Offenbarung Gottes in seinem Wort bedient, ja diese als das wesentliche Instrument der Veränderung versteht und einsetzt. Und diese Veränderung kann nur eine umfassende Veränderung im Sinne des Reiches Gottes sein. Kerygmatische Leitung holt den Menschen dort ab, wo er sich befindet: fern von Gottes eigentlicher Schöpfungsabsicht – und führt ihn so nahe wie möglich an das „Ebenbild Gottes" heran, in die Gegenwart Jesu Christi.

Kirche mit Qualität

Dass die Forderung nach einer stärkeren Betonung des Leitens durch die Verkündigung nicht nur ein frommer Wunsch ist, beweisen die vielen, zumeist nordamerikanischen Gemeindemodelle. Zu erwähnen sind hier die *Willow Creek Community Church* in Chicago, die *Saddleback Church* in Kalifornien,[4] die *New Hope Christian Fellowship* Oahu[5] oder die *Community Curch of Joy* in Arizona.[6] In allen diesen weltweit beachteten Gemeindemodellen spielt Leitung die alles entscheidende Rolle. Die Leiter dieser Gemeinden werden nicht müde, auf den Zusammenhang zwischen Leitung und Wachstum in ihren Gemeinden hinzuweisen.

Walt Kallestad (1999:69ff) spricht von der Leitung der Gemeinde als „Grundlage der Umsetzung" von geistlichen Zielen der Gemeinde. Und diese geistlichen Ziele müssen als Gottes Ziele, ja Gottes Auftrag, verstanden werden.

---

[3] Zur Keryktik Stiers siehe Husar 1987:31-32; zu den neueren Entwürfen, siehe Pflieglers Kerygmatik (1965).

[4] Siehe Warren 1999.

[5] Siehe Cordeiro 2001:12ff.

[6] Siehe Kallestad 1999; Kurz 2000.

Wayne Cordeiro (2001:12) berichtet, dass er bereits während seines ersten Monats als Pastor der New Hope Christian Fellowship Oahu in Honululu überfordert gewesen sei, das Wachstum dieser Gemeinde sinnvoll zu betreuen. Die heute mehr als 7000 Gottesdienstbesucher zählende Gemeinde hat ihren Erfolg dem überragenden Leitungsteam zu verdanken.

Und Bill Hybels (2002:26), Gründer und Leiter der Willow Creek Church in Chicago, stellt fest, dass alle von ihm besuchten und analysierten wachsenden Gemeinden in einer Sache vollkommen übereinstimmen – sie werden alle von Menschen geleitet, die über die Gabe der Leitung verfügen. Überall dort, wo diese Gabe keine entscheidende Rolle bei der Berufung von Pastoren spielte, konnte auch kaum Wachstum nachgewiesen werden.

Wie wichtig eine effektive Leitung für den Gemeindeaufbau ist, zeigt auch eine von mir gemeinsam mit meinen Studenten im Jahre 1999[7] durchgeführte Untersuchung unter den fünf am schnellsten wachsenden evangelikalen und charismatischen Gemeinden in Winnipeg, Kanada. Die im Rahmen des Concord College an der Universität Winnipeg durchgeführte Untersuchung beschäftigte sich nicht nur mit quantitativem Wachstum, sondern nahm besonders die Qualität geistlichen Wachstums der Gemeinden ins Visier. Dabei ließ sich der Zusammenhang zwischen Wachstum und effektiver Leitung unschwer für alle untersuchten Gemeinden nachweisen. An zweiter Stelle führt die Untersuchung eine effektive Verkündigung in den Gemeinden als Ursache des Wachstums an. Es ließ sich auch nachweisen, dass die effektivsten Leiter meist selbst auch die effektivsten Verkündiger waren.

[7] Ergebnisse der Studie im Concord College, Canadian Mennonite University, sowie im Privatarchiv des Autors.

Kirche mit Qualität meint also eine Gemeinde, die durch Gottes Wort geleitet wird. Die homiletische Theorie, wie sie hier diskutiert wird, findet in der Praxis anschauliche Belege.

1. Kerygmatische Leitung – was ist das?

1.1 Was ist die Aufgabe der Verkündigung?

Kerygmatische Leitung will durch die Verkündigung des Evangeliums leiten. Lässt sich aber die Verkündigung des Wortes Gottes überhaupt auf die Ebene von Leitung und Führung theologisch verantwortlich beziehen? Kann man Verkündigung so pragmatisch angehen, ohne Wesentliches aus dem Blick zu verlieren?

1.1.1 Die Auslegung des Wortes Gottes

John Stott (1979:10) formuliert die klassische Aufgabe des Predigers mit dem Satz: „Seine Aufgabe ist es, die ein für allemal gegebene Offenbarung eingehend darzulegen und zu erklären.“ Die Aufgabe des Predigers ist demnach Exposition, Auslegung des Wortes Gottes, nicht mehr und nicht weniger. Der Prediger ist so gesehen weder Prophet noch Apostel, sondern bestenfalls Haushalter (:14). Stott zitiert dazu das Wort aus 1. Korinther 4,1–2: „Dafür halte uns jedermann; für Christi Diener und Haushalter über Gottes Geheimnisse.“ Das hier verwendete Wort *oikonomos* wird oft schnell als Verwalter übersetzt. Als Folge würde dann auch dem Prediger das Image eines *Managers* des Wortes Gottes anhaften.[8]

---

[8] Eine Reihe von Entwürfen zur Predigtlehre folgen diesem Schema. Ernst Lerle (1989:11ff) will die Predigt auf eine die bloße Wahrheit darlegende Funktion reduzieren. „Die legitime christliche Predigtrede verkündigt die Forderung Gottes an den Menschen und verkündigt auch das Evangelium von der Erlösung durch den Kreuzestod Jesu Christi … Christliche Predigt ist ein Ruf zur Umkehr“ (Lerle 1989:15.16). James Braga (1981:9) ist darum bemüht, eine Homiletik zu verfassen, die es dem Studierenden erlaubt, sofort und direkt aus der Bibel zu predigen.

Ist der evangelische Prediger ein „Manager" des Wortes? Geht es tatsächlich in erster Linie darum, Erkenntnisse zu verwalten, auszusprechen und in verständliche Sprache zu kleiden? Oder geht es doch um wesentlich mehr? Auch eine oberflächliche Durchsicht der vorliegenden Entwürfe zur Predigt sowie des darin reflektierten biblischen Materials macht deutlich: Es geht um mehr, ja um sehr viel mehr!

1.1.2 Die Vermittlung von Wort und Geist Gottes

Theo Sorg fragt in „Grundlinien zur biblischen Verkündigung" (1984:7), wodurch sich denn eine Predigt von anderen Formen der Kommunikation unterscheidet. Was macht eine menschliche Rede zur Predigt? Sorg verweist in seiner Antwort auf Paulus und dessen Selbstverständnis, wie es vor allem in 1. Korinther 2,1–5 zum Ausdruck kommt:

„Auch ich, liebe Brüder, als ich zu euch kam, kam nicht mit hohen Worten und hoher Weisheit, um euch das Geheimnis Gottes zu verkündigen. Denn ich habe beschlossen, unter euch nichts zu wissen als allein Jesus Christus, den Gekreuzigten. So kam ich zu euch in Schwachheit und in Furcht und mit großem Zittern; und mein Wort und meine Predigt geschah nicht mit überredenden Worten menschlicher Weisheit, sondern wirkte durch den Erweis des Geistes und der Kraft, damit euer Glaube nicht auf Menschenweisheit beruhen sollte, sondern auf Gottes Kraft."

Danach ist Predigt Kommunikation des Evangeliums von Jesus Christus in und aus der Kraft Gottes. Nicht menschliche Weisheit, sondern Gottes Absicht und Willen verkündigt der Prediger des Wortes Gottes.[9] Ihm mögen zwar die Instrumente erfolg-

---

9 Klippert (1995:20) spricht in diesem Zusammenhang von Gottes Anspruch und Zuspruch, welche in einer Predigt zum Tragen kommen müssen.

reicher Kommunikation zur Verfügung stehen, aber überzeugen kann die Predigt dadurch nicht. Sie ist *per definitionem* auf Gottes Kraft angewiesen. Diese Kraft aber darf nicht als wohlformuliertes Statement missverstanden werden. Es ist tatsächliche, erfahrbare, verändernde Schöpferkraft!

Die Predigt vermittelt allem voran Gottes Wort, und dieses Wort ist Grund und Ermöglichung jeglichen Lebens auf der Erde. „Gott sprach ... und es geschah" – so wird uns der gesamte Schöpfungsakt überliefert. Das gilt für alles Leben auf der Erde und natürlich auch in Bezug auf die Gemeinde. Die Gemeinde Jesu ist von diesem Wort ins Leben gerufen worden und wird von diesem Wort getragen.

Nirgendwo sonst wird das auf Gestaltwerdung drängende Wort Gottes deutlicher beschrieben als in Johannes 1,1ff. „Am Anfang war das Wort und das Wort war bei Gott und das Wort war Gott ... und das Wort wurde Fleisch und ... wohnte unter uns und wir sahen seine Herrlichkeit." Gottes Wort ist hier vorgestellt als ein Wort, das nur dank der Inkarnation sichtbar werden kann. Und wir wissen, dass dieses Sichtbarwerden in der Menschwerdung Jesu Christi sich vollzog.

Das gesprochene Wort Gottes will erfahrene Wirklichkeit werden. Es drängt förmlich darauf. Es ist auf die Fleischwerdung hin angelegt, es kann nicht anders. Wer dieses Wort verkündigt, der setzt also einen Prozess der Fleischwerdung in Gang. Der Verkündiger ist damit nicht bloßer Verwalter intellektuell erkannter Wahrheiten oder logisch verstandener Offenbarung. Der Verkündiger setzt einen Prozess in Gang, oder besser noch: Gott setzt durch den Verkündiger einen entsprechenden Prozess der Inkarnation seines Wortes in Gang.

Wo Christen ihr Leben entsprechend dem offenbarten Willen Gottes gestalten wollen, sind sie auf die Wirkung des Wortes Gottes angewiesen. Paulus formuliert es in seinem 2. Brief an Timotheus wie folgt: „Denn alle Schrift, von Gott eingegeben, ist nütze zur Lehre, zur Zurechtweisung, zur Besserung, zur Erziehung in der Gerechtigkeit, dass der Mensch Gottes vollkommen sei …" (3,16). Wahres Leben aus Gottes Hand ist auf das Wort Gottes angewiesen.

Will man das Wort Gottes in Begriffe fassen, so kann es vor allem mit *Gesetz und Evangelium* beschrieben werden, wobei unter Gesetz die Verkündigung dessen, was mit der Geschöpflichkeit des Menschen zu tun hat, gemeint ist. „Die Predigt von unserer Geschöpflichkeit ist also inhaltlich Predigt des Gesetzes" (Trillhaas 1964:37). Die Predigt des Gesetzes zielt aber auf das Gericht Gottes, offenbart die Sünde und führt den Menschen zur Erkenntnis der Sinnlosigkeit einer von Gott losgelösten Existenz. Es wäre falsch, sich eine solche Predigt als bloße Darstellung von Tatsachen der Offenbarung vorzustellen. Neutestamentlich gesehen, ist die Hinführung des Menschen zur Erkenntnis seiner Verlorenheit vielmehr ein geistlicher Prozess, dessen Meister der Heilige Geist selbst ist.

Biblische Verkündigung kann sich daher nicht allein auf die Vermittlung des Wortes begrenzen. Sie zielt vielmehr auf die Gestaltwerdung dieses Wortes im Leben eines Menschen, indem sie mit der Vermittlung des Wortes auch den lebensspendenden Geist vermittelt. Rudolf Bohren (1980:83) brachte diese Erkenntnis auf folgende Formel: „Behaupten wir im Anschluss an das Neue Testament, dass der Geist das Wort gibt, ist der Geist selbst ohne das, was er gibt, das Wort."

1.1.3 Die Begegnung zwischen Gott und Mensch

Die Predigt darf daher nicht als bloße intellektuelle Leistung verstanden werden, die dann mit Recht als „Reduktion auf die menschliche Seite" (Bohren 1980:49) kritisiert werden müsste. Sie ist eher als Geschehen zu begreifen (Altmann 1963), als Gespräch, an dem mehrere Partner beteiligt werden. Sie ist eine Begegnung zwischen Mensch und Gott. Und die Brücke, auf der diese Begegnung stattfindet, ist das Wort Gottes. Eduard Thurneysen (1927:102) hat das einmal treffend formuliert: „Eine Brücke muss geschlagen werden von ihm zu mir, über diese Brücke müssen wir zueinander kommen. Diese Brücke ist das Wort."

Und weil es auch und vor allem um Gottes Anteil an diesem Geschehen geht, kann sie dann auch als Wunder begriffen werden (Bohren 1980:48), und zwar als Wunder, in dem der Hauptakteur nicht der Mensch, auch nicht der Prediger, sondern der Heilige Geist ist. Der Prediger ist dagegen das Instrument des göttlichen Handelns. Er ist nicht nur Diener am Wort, sondern auch und vor allem Diener im Geist.[10]

Im Grunde handelt es sich bei der Verkündigung um eine Art trialogische Kommunikation, und zwar zwischen dem Verkündiger, dem Hörer und dem Heiligen Geist. Das Thema des so verstandenen Gesprächs wird aus dem Wort Gottes vorgegeben. Diese Kommunikation ist alles andere als eine Sackgasse, sondern ein echtes Gespräch, ein Geschehen, wie die Skizze verdeutlicht.[11]

Die Predigt als Vermittlung des „Wortes Gottes in der Gestalt menschlicher Wörter" (Härtner 2001:29) ist ein spirituelles Geschehen, das alle Komponenten des beschriebenen Trialogs ernst

---

[10] Zur Bedeutung der Pneumatologie für die Homiletik siehe die immer noch gültigen Hinweise Rudolf Bohrens (1980 :73ff).

[11] Anderweitig spricht man in diesem Zusammenhang vom „homiletischen Dreieck" (so Härtner 2001: 24). Was mir an einer solchen Konstruktion missfällt, ist die Abwesenheit des Geistes Gottes, der zwar die Rolle des Predigers als Dolmetscher der Tradition niemals übernimmt, aber entscheidende Impulse auf dem Weg zur Wahrheitserkenntnis und Wahrheitsvermittlung zu geben hat (Joh.14). Härtner ist sich zwar der Bedeutung des Geistes Gottes für den Prozess der Verkündigung bewusst (:28), baut diese aber nicht in sein homiletisches Konstrukt ein.

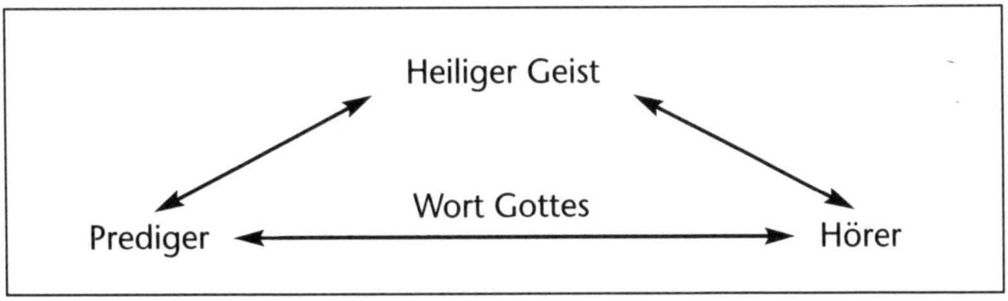

zu nehmen hat. Gottes Wort und Menschenworte in der Predigt verlangen vom Prediger eine gute Beziehung sowohl zu Gott und seinem Wort und Geist, als auch zum Hörer und seiner Situation.

1.1.4 Die Funktion der geistlichen Leitung

Das Bild des Ökonomen, wie es Stott benutzt, erweist sich dagegen auch in diesem Zusammenhang als hilfreich. Sicher war der Ökonom des Hauses ein *Verwalter* des Eigentums seiner Herrschaft; er war nicht der Eigentümer selbst. Aber er war durchaus der Leiter des wirtschaftlichen Betriebs, der Personalchef der Hausdienerschaft. Modern ausgedrückt, finden sich im neutestamentlichen Begriff des *oikonomos* sowohl Verwaltungs- als auch Führungsqualitäten. Goetzmann (1990:642) übersetzt deshalb den Begriff *oikonomeo* folgerichtig mit „die Verwaltung führen". Petrus trägt dem Gesagten Rechnung, wenn er darauf hinweist, dass Christen zu „Haushaltern der mannigfaltigen Gnade Gottes" (1Petr 4,10) gemacht worden sind. Da ist jeder dazu berufen, „mit der Gabe zu dienen, die (man) empfangen hat". So bezeichnet sich der Apostel Paulus selbst als Haushalter (1Kor 4,1). Die Geheimnisse Gottes, die er verwaltet, verwaltet er als Apostel und Leiter der noch jungen heidenchristlichen Gemeinde. Seine Briefe sind ein eindrucksvolles Beispiel dafür, wie er sowohl die Vision als auch die Mission der Gemeinde Jesu genau zu benennen wusste. In seiner Rede vor den Ältesten von Ephesus sagt er:

„Ich habe nicht unterlassen, euch zu verkündigen den ganzen Ratschluss Gottes“ (Apg 20,27).

Paulus verkündigte demnach das Wort Gottes mit einem Ziel, mit einer festen Vorstellung, wie er seinen Mitarbeitern den Willen Gottes so weitersagen könne, dass sie Gottes ganzen Heilsplan verstehen und danach leben. Als Haushalter des ihm anvertrauten Wortes sah er darauf, dieses weise zu verwalten, ganz im Einklang mit den Worten Jesu in Lukas 12,42: „Wer ist denn der treue und kluge Haushalter, welchen der Herr setzt über sein Gesinde, dass er ihnen zur rechten Zeit gebe, was ihnen gebührt?“

Der neutestamentliche Haushalter ist also mehr als ein Manager von Worten. Er ist ein Leiter des ihm anvertrauten Hauses, der in aller Weisheit dafür sorgt, dass die ihm untergebenen Diener die nötige Hilfe erhalten, um zu Bestleistungen fähig zu sein. Oder wie Theo Sorg es formuliert: „Rechte Predigt will dazu helfen, dass Menschen im Glauben Christus nachfolgen und ihr Leben in der Verbindung mit ihm führen an allen Tagen und in allen Lagen: in den Pflichten des Alltags ebenso wie in den Krisen des Lebens; in den Aufgaben, vor die wir in der Gegenwart gestellt sind, in den Ängsten, die von einer dunklen Zukunft ausgehen“ (Sorg 1984:14). „Christliche Predigt ist auch ein Rettungsdienst an Mitmenschen“ (Lerle 1989:19). Und dieser Dienst ist nicht schon erledigt mit der bloßen Darlegung der Botschaft von der Rettung.

Der Prediger als Haushalter ist demnach nicht nur Verwalter, sondern auch Leiter. Er soll durch das ihm anvertraute Wort anleiten. Paulus ermutigt daher seinen Mitarbeiter Timotheus, er solle sich als ein rechtschaffener Arbeiter erweisen, „der recht austeilt das Wort der Wahrheit“ (2Tim 2,15). Das hier gebrauchte griechische Wort bedeutet so viel wie „in gerade Richtung schneiden“ und wurde vor allem im Zusammenhang mit dem Bau von Landstraßen gebraucht. So wird auch der Ausdruck in der

Septuaginta in Sprüche 3,6 gebraucht: „Er wird gerade machen deine Pfade" (Stott 1979:23). Timotheus soll in seiner Predigt einen „geraden Weg schneiden", einen geradlinigen Prozess auslösen. Timotheus soll durch seine Predigt leiten.

1.2 Zweck und Ziel der Verkündigung

1.2.1 Ziellos oder zielbewusst?

Vom Zweck der Verkündigung zu reden, vor allem der *leitenden* Verkündigung, ist nicht ungefährlich. Man kann Wolfgang Trillhaas verstehen: „Wenn der Prediger Zwecke ins Auge fasst, dann gefährdet er aber auch seine Predigt" (Trillhaas 1964:47). Zu oft dominieren persönliche Zielvorstellungen die Predigt, zu selten kommt das Wort Gottes selbst zur Sprache.

Doch was ist von einer Predigt zu halten, die gar kein Ziel verfolgt, die zweck-los dargeboten wird? Wäre das nicht schon im Prinzip unbiblisch? Ist Gottes Wort nicht immer darauf aus, das auszurichten, wozu es gegeben ist?[12] Nein, absichtslose Verkündigung ist in der Tat, wie Theo Sorg (1984:13) behauptet, ein Widerspruch in sich selbst. Jay Adams (1991:9) stellt dazu fest: „Die Tatsache, dass Homileten und Prediger dem Ziel einer Predigt so wenig Bedeutung beimessen, hat dazu geführt, dass Gottes Wort uninteressant, abstrakt und unpersönlich verkündigt wird. Zielloses Predigen erschwert das Verständnis für die göttliche Wahrheit, trübt die Freude im Leben der Christen, wirkt sich negativ auf ihre Hingabe und Initiative aus und behindert sie in ihrem Dienst für Gott." Zweck und Ziel einer Predigt sind daher von großer Bedeutung. Adams (1991:10): „Das Ziel ist also der Dreh- und Angelpunkt: das Ziel der Predigt, das Ziel des Bibel-

[12] Mt 24,35/par.; 1Petr 1,25.

textes, das Ziel des Predigtinhalts, das Ziel des Aufbaus, des Stils, des Anschauungsmaterials und der Vortragsweise der Predigt. Das Ziel bestimmt, ob eine Predigt wirkungsvoll ist oder nicht.“

Eine andere Frage ist, *woher* der Prediger seine Ziele bezieht. Die Gefahr, eine Predigt durch eigene Zielvorstellungen zu überlagern, ist nicht von der Hand zu weisen. Es ist leider eine weitverbreitete Praxis, dass Prediger einen Bibeltext lediglich als Aufhänger für ihre eigenen Theorien missbrauchen. Helge Stadelmann (1990:46)[13] spricht in diesem Zusammenhang auch von der „Sprungbrett-Predigt“.

Woher beziehe ich als Prediger meine Ziele? Sind es die *textinternen Ziele*, die ich in meiner exegetischen Arbeit herausfiltriere, zu verstehen suche und dann in die Sprache meiner Zuhörer kleide? Hier würden viele moderne Homileten zustimmen. So richtig dieser Gedanke auch klingen mag, so wenig kann ich ihm zustimmen. Eine sich an den textinternen Zielen orientierende Verkündigung vermag bestenfalls das Wort Gottes darzustellen, über das Wort besser zu *informieren*. Eine rein informative Predigt greift jedoch, biblisch gesehen, zu kurz. Denn es liegt geradezu im Wesen des Wortes Gottes, dass es eben nicht nur informieren will, sondern verändern, *transformieren*, in Bewegung setzen. Das Wort drängt auf Konkretion, auf Fleischwerdung im konkreten Alltag der Zuhörer. Klippert (1995:21) hat wohl Recht, wenn er schreibt: „Wo eine Predigt nur ‚richtig‘ ist, sie aber nicht auf Motivation und Transformation hin formuliert wird, verfehlt sie ihr Ziel.“

---

[13] Siehe dazu auch Klippert 1995:19.

1.2.2 Was ist Zweck und Absicht neutestamentlicher Verkündigung?

In seinem provozierenden Vortrag auf dem Evangelistenkongress im Amsterdam 1971 bezeichnete Jan van Capelleveen die Verkündigung des Evangeliums als einen Akt der Befruchtung (in: Kirby 1972:59). Capelleveen bezieht sich dabei auf Jakobus 1,18, wonach Gott uns „durch das Wort seiner Wahrheit gezeugt" hat. Und der Apostel Paulus weiß zu sagen: „Ich habe euch gezeugt in Christo Jesu durch das Evangelium" (1Kor 4,15; vgl. auch Philm 10). Kerygmatische Kommunikation ist also eine Art Befruchtung und hebt auf ein ganz bestimmtes Ziel ab.

Paulus drückt seine Predigtabsicht in 1. Korinther 2,5 wie folgt aus: „... damit euer Glaube nicht auf Menschenweisheit beruhen soll, sondern auf Gottes Kraft". In der paulinischen Predigt ging es also um Glauben oder um eine persönliche Beziehung zwischen Gott und Mensch. Die Wiederherstellung dieser durch Sünde zerbrochenen Beziehung, die Vertiefung und Pflege dieser Beziehung mit Gott – das ist die Absicht der Verkündigung. So verstanden ist Verkündigung nichts anderes als Anleitung zum Leben mit Gott.

Die Predigt des Wortes Gottes als Anleitung zum Leben mit Gott zu verstehen, darf uns allerdings nicht über die Tatsache hinwegtäuschen, dass eine Anleitung nicht schon die Erfahrung des Lebens selbst ist. Christliche Verkündigung kann daher nicht den Lebensakt selbst begründen, sondern tritt eher als *Orientierungshilfe* auf. Nichts aber fehlt dem Menschen heute so sehr wie Orientierung.

Alfred Dubach (1982:26) berichtet von einer von Kapuzinern in Solothurn durchgeführten Umfrage unter Gottesdienstbesuchern zum Thema Predigt. Auf die Frage, was sie denn von einer Predigt erwarten, antworten rund drei Viertel aller Befragten: Praktische Anleitung zur Bewältigung des Lebens. Offensichtlich gelingt es den Menschen immer seltener, im Wirrwarr des Alltags allein zurecht zu kommen und eine sinnvolle Existenz aufzubauen. Und eine solche Existenz würde klare Identität, Selbstfindung, innere Kontinuität und Konsistenz in der Lebensgestaltung bedeuten. Folgerichtig kann Dubach (1982:26–27) fordern: „Relevant und glaubwürdig kann christliche Verkündigung nur sein, wenn es ihr gelingt, den Menschen in ihrer Selbstfindung beizustehen und mit ihnen Bedingungen zu schaffen, welche Findung und Ausbildung von Identität ermöglichen. In diesem Sinne ist Verkündigung letztlich nichts anderes als Thematisierung der Tiefenstruktur der Wirklichkeit im Lichte des Evangeliums. Sie schlüsselt alltägliche Lebenswirklichkeit und -erfahrung auf ihre Tiefendimension hin auf und eröffnet so dem Menschen eine Wirklichkeit, in der er Bestand haben kann, anerkannt wird und erfährt, dass er sein darf und sein soll."

Verkündigung als Orientierungshilfe deckt die erfahrene Wirklichkeit im Lichte des Evangeliums auf und führt in die Weite des Reiches Gottes. Eine solche „Förderung des Reiches Gottes" wurde von Theodor Christlieb (1893:64f) als die oberste Aufgabe der Predigt bezeichnet. Beides, die Aufdeckung des Alltags wie auch die Bestimmung des Horizonts der Verheißung für die Zukunft müssen als Prozess begriffen werden. Verkündigung als Orientierungshilfe ist genauso wenig statisch möglich wie das Leben, in dem die Zuhörer zurecht kommen müssen. Sie ist vielmehr Anleitung, ein Prozess, eine Bewegung, eine Neuorientierung im Vollzug. Und der Verkündiger, der so aktive Prediger, ist dann mehr als nur Redner, er ist ein überzeugender Leiter. Er will nicht nur die Wahrheit konstatieren, sondern führt seine Zuhörer bewusst zur Umsetzung der Wahrheit im konkreten Kontext ihres Lebens.

Versteht ein Prediger seinen Dienst als einen Dienst der Anleitung, so werden seine Predigtziele sicher aus der Heiligen Schrift stammen und dabei die innere Zielrichtung des Wortes Gottes ganz fest im Auge behalten.

1.2.3 Die Phasen der Anleitung zum Leben

Freilich kennt diese Anleitung unterschiedliche Phasen. Ein Leben mit Gott kennt Anfang und Fortgang, Beginn und Wachstum. Dementsprechend lassen sich nach A. Schädelin (1953:38) ein Bekehrungszweck, Erbauungszweck und ein apologetisch-polemischer Zweck der evangelischen Predigt unterscheiden. Der Hörer wird so zum Glauben geführt, im Glauben gefestigt und auf die Vermittlung des Glaubens trainiert. Der Versuch, die missionarische von der pastoralen Verkündigung abzukoppeln (so vor allem H.J. Margull 1959:293), ergibt genau so wenig einen Sinn wie die Polemik gegen eine apologetische Aufgabe der Predigt (Trillhaas 1964:50ff). Unsere Hörer sind je nach Herkunft und Situation an ganz unterschiedlichen Punkten ihrer Reise mit Gott. Die einen stehen noch ganz am Anfang, die anderen sind längst fortgeschritten und stehen eventuell selbst im Verkündigungsdienst. Sie alle aber müssen im Glauben unterwiesen werden, sie alle meint das Wort Gottes.

Als Prediger des Evangeliums sind wir gehalten, den Hörern Gottes Wort zu sagen, und zwar so, dass jeder es verstehen und annehmen kann. Der Hörer aber wird es verstehen und annehmen, wenn es ihn und seine aktuelle Situation trifft. Erst wenn nach der Predigt gesagt werden kann, „das war ein Wort für mich“, hat der Prediger sein Ziel erreicht.

Wer ein solches Ziel erreichen will, muss es fest im Auge behalten. Denn ob ich Umkehr oder geistliche Festigung, eine klare Vorstellung von Gott und seinem Heil oder Heilung persönlicher Verletzungen mit der Predigt erreichen will, wird schon die Auswahl des biblischen Textes, den Inhalt wie auch Sprache und Aufbau der Predigt mitbestimmen.

Versteht man *Verkündigung als zielgerichteten Prozess*, dann wird der Prediger bei allem Kontextbezug nicht willkürlich predigen dürfen. Wer Anleiten will, der sollte vor allem leiten!

Kerygmatische Leitung wird sich im Wesentlichen in drei Phasen mit der geistlichen Auferbauung der Hörer beschäftigen müssen. Sie wird die Hörer (1.) zum Glauben führen, (2.) im Glauben festigen und (3.) auf die Weitergabe des Glaubens hin trainieren.

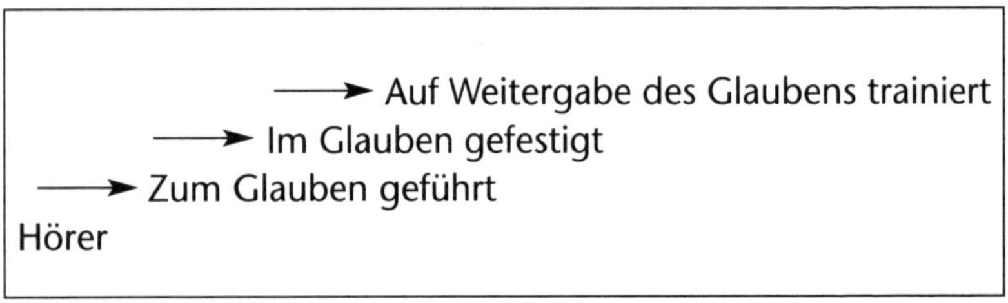

Drei Phasen der Verkündigung

1.3 Der Verkündiger als Leiter

Die Heilige Schrift kann sich den christlichen Leiter nicht vorstellen, ohne ihn zugleich als Verkündiger zu sehen. So findet sich im Persönlichkeitsprofil des Vorstehers oder Ältesten in 1. Timotheus 3 neben einer Reihe von ethischen Qualitäten nur eine einzige *Fähigkeit*, und zwar die des Lehrens. Der Älteste soll *lehren* können. Alle in Epheser 4,11 erwähnten Dienste als Apostel, Prophet, Evangelist, Hirte und Lehrer, die Gott in der Gemeinde eingesetzt hat, um Christen zuzurüsten, stehen im Dienst der *Kommunikation*.

Der christliche Leiter ist zugleich auch Verkündiger. Er soll

Christen durch das Wort der Wahrheit zum Dienst anleiten. Ist doch dieses Wort gegeben zur Besserung und Transformation des menschlichen Lebens (2Tim 3,16). Freilich ist nicht jeder Prediger auch zugleich Leiter, obwohl sie alle Diener am Wort Gottes sein sollen. In seinem Buch „Leiten – Dienen – Zukunft bauen" unterscheidet Ian Jagelman mit Recht zwischen Dienern und Leitern in der Gemeinde (2002:11ff). Dabei fällt auf, wie nahe seine Ergebnisse der klassischen Aufteilung der gesellschaftlichen Führungskräfte in Manager und Leitungskräfte kommt. Diener teilen das Wort Gottes in der gegebenen Situation aus, Leiter sehen über momentane Situationen hinweg zum eigentlichen Ziel jeder Verkündigung – der Umgestaltung des Christen in das volle Bild des Christus und dem darauf folgenden Wachstum der Gemeinde (Eph 4,11-16). Prediger als Diener sind Manager des Wortes, Prediger als Leiter sind Hirten, die immer das große letzte Ziel im Blick behalten. Jagelman stellt fest, dass Diener und Leiter die Gemeinde nicht nur unterschiedlich führen, sondern sie predigen auch unterschiedlich. Er bemängelt dabei die so oft negierte Rolle der Predigt in der Leitung der Gemeinde und möchte die „Predigt als Leitung" (:110) begreifen. Dabei sieht er die Aufgabe der kerygmatischen Leitung vor allem in der Formulierung der Vision und Mission einer Gemeinde. Diese Aufgabe kann dann auch als eine prophetische Berufung gesehen werden (:111).

Der kerygmatische Leiter ist also jemand, der die Vision dessen, was die Gemeinde und ihre einzelnen Mitglieder sein sollen, im Blick behält.[14] Auf Grund dieser Vision ist er fähig, auch die

[14] Zur Aufgabe der Leitung in der Festlegung von Gemeinde-Zielen siehe die hervorragende Arbeit von J.J.Toews (1992:153ff). Visionen einer Gemeinde können allerdings aus recht zweifelhaften Quellen stammen. Blackaby (2001:56-83) macht anschaulich, welche Gefahren in einer zu starken Anlehnung an visionäre Vorlagen der Welt verborgen liegen. Sein Appell an die Leiter, ihre Vision als Geschenk von Gott, als Offenbarungsgeschehen zu betrachten, sollte unbedingt beachtet werden. Gott ist es, der am Ende eine Vision bewirkt, die seinen eigentlichen Zielen entspricht.

Mission der Gemeinde zu definieren und in praktikable Arbeitsschritte aufzuteilen. Weil die Gestaltwerdung der Vision wie die praktische Durchführung der Mission unmittelbar mit der Verkündigung des Wortes Gottes zusammenhängt, wird der kerygmatische Leiter große Mühe dafür aufwenden, die Vision wie auch die Mission der Gemeinde vom Wort Gottes her aufzuzeigen. Charles H. Spurgeon (1998:10) verglich den Prediger mit einer Turmuhr, auf die alle Menschen schauen (jedenfalls vor hundert Jahren): „Eine falsch gehende Taschenuhr täuscht vielleicht nur den Besitzer, aber wenn die Turmuhr falsch geht, so wird die ganze Stadt irre geführt."

Ich kenne nur wenige Menschen, die diesem Bild Spurgeons besser entsprachen als der Großvater meiner Frau. Jung im Dienst, gerade die Bibelschule absolviert, legte ich mein ganzes Wissen und Können in jede sonntägliche Predigt. Wenn ich dann – froh über die gelungene Predigt und den gut gestalteten Gottesdienst – den greisen Mann an der Tür verabschiedete, sah er mir tief in die Augen und sprach dann leise, so dass es niemand außer mir hören könnte: „Es war eine gute, sehr gute Predigt, aber leider nicht für uns." Manchmal fügte er hinzu: „Du solltest das alles ein paar Wochen später predigen." Und dann lud er mich zu sich nach Hause ein – zur Predigt-Nachbesprechung. Ich muss schon sagen, dass es mir am Anfang sehr schwer fiel, ihn zu besuchen. Doch bald entdeckte ich seine Gabe. Er hatte eine besondere „Antenne" für das, was in der Gemeinde dran war. Und wenn er mich einmal für eine treffende Predigt lobte, so konnte ich bald selbst unschwer den Unterschied zu einer von ihm eher kritisierten Predigt erkennen. „Du darfst nicht einfach gut und richtig predigen", pflegte er mich zu belehren. „Du solltest Gott fragen, wohin Er Seine Gemeinde hinhaben will; wo sie jetzt steht und was du jetzt sagen musst, damit sie weiter kommt." Der alte Mann war zwar nicht sonderlich gebildet, aber er war ein begabter kerygmatischer Leiter.

1.4 Kerygmatische Leitung – wozu?

An welcher Stelle leitet Gott durch die Predigt? Wo ist kerygmatische Leitung angebracht? Traditionell gehört die Predigt in den Gottesdienst, ist hier ein Teil, oft der *eigentliche* Teil des Gottesdienstes. Nicht von ungefähr beschrieb Paul Althaus den evangelischen Gottesdienst als *Wort und Antwort* (Althaus 1926).[15] Dabei wird die Predigt als Wortvermittlung und die Liturgie als Antwort der Gemeinde auf das gehörte Wort verstanden. Freilich lässt sich die Predigt nur schwer in ein solches Raster pressen. Mit Recht wies W. Trillhaas (1964:12) darauf hin, dass im dialogischen Geschehen eines Gottesdienstes auch die *Antwort* der hörenden Gemeinde in Lied, Bekenntnis und Gebet „selber zum Wort der Verkündigung werden kann, das stärker zu reden vermag als die amtliche Predigt“. Verkündigung, die so in Gottesdienst und Gemeinde geschieht, kann kein Monolog sein, sondern ist wesentlich dialogisch bestimmt. Ein solcher Dialog schließt dann den Prediger und seine zuhörende Gemeinde mit ein. Und dieses Zwiegespräch entpuppt sich bald als ein sehr komplexes Geschehen (Read 1987:21).[16] Nicht nur weisen die Zuhörer oft große Unterschiede in Vorwissen, Sprache, Alter, Bildung, sozialen und religiösen Stand auf – was die Kommunikation erheblich erschweren kann –, sondern sie kommen auch noch jeweils aus einer überaus individuellen Erlebniswelt. Sie alle gleich gut und gleich tief anzusprechen stellt eine außerordentliche Herausforderung dar. Jeder Prediger wird mit der so beschriebenen Situa-

---

[15] Siehe dazu auch die Ausführungen von Trillhaas 1964:12f.

[16] Die in konservativen Kreisen verbreitete Ansicht, die Zuhörer seien ja allesamt Sünder und man solle sie deshalb auch getrost als eine homogene Zuhörerschaft betrachten (so z.B. Martyn Lloyd Jones – siehe dazu Read 1987:21), greift meines Erachtens zu kurz und trägt weder der sozio-kulturellen Wirklichkeit in den heutigen Gemeinden, noch der unterschiedlichen religiösen Empfänglichkeit der Hörer Rechnung.

tion überfordert sein. Und diese Überforderung äußert sich dann in Predigten, die die Herzen der Menschen nicht mehr erreichen. Peter Read hat daher vorgeschlagen, die Gemeinde vor jeder Predigt zu teilen und je nach Situation die eine oder andere Gruppe anzusprechen (Read 1987:23). So gut dieser Vorschlag auch sein mag, so schwierig ist er in der praktischen Durchführung.

Die Lösung bietet ein bewusst gewollter Verkündigungsplan. Wenn man die Gemeinde als auf dem Weg des geistlichen Wachstums und der Transformation begreift und ein visionäres Ziel am Ende dieses Weges definiert hat, dann ist es die Aufgabe der Leitung, die Verkündigung in der Gemeinde vom Visions-Ziel her zu ordnen.[17] Kerygmatische Leitung der Gemeinde stellt sicher, dass Verkündigung nicht blindlings, sondern gezielt geschieht. Das kann sowohl auf die Gesamtheit der Gemeinde als auch auf jedes einzelne Glied bezogen werden.

Der Prediger, der sich einem solchen Transformationsprogramm der Gemeinde unterstellt, wird nicht mehr im Sinne von Karl-Heinz Daiber die „Predigt als Prozeß der persönlichen Verarbeitung von Alltagserfahrungen im Horizont des Glaubens" (zit. nach Albrecht 1985:13) verstehen können. Solche Erfahrungen können und dürfen zwar in die Gestaltung der Predigt einfließen – dominieren dürfen sie die Predigt selbst jedoch nicht. Sie sollte einzig und allein dem Teil-Ziel im Umgestaltungsprozess der Hörer durch die Kraft des Wortes Gottes unterstellt werden. Denn um Gottes Plan im Leben konkreter Menschen geht es. „Gott ist der eine Grund zum Predigen. Der andere: die Menschen" (Albrecht 1985:13).

[17] Zur Frage der Bestimmung des Zieles für die Predigt, siehe Adams 1991:34ff.

2. Kerygmatische Leitung – was wird vorausgesetzt?

2.1 Leitung setzt Verkündigung voraus

In ihrem Buch „Führungskräfte. Die Vier Schlüsselstrategien erfolgreichen Führens“ (Bennis 1992) beklagen Warren Bennis und Burt Nanus die Unfähigkeit der Sozialwissenschaften, Führung allgemeingültig zu definieren: „Jahrzehnte akademischer Analysen haben uns mehr als 350 Definitionen von Führung beschert ..., aber wir wissen immer noch nicht, was einen Führenden von einem Nichtführenden unterscheidet“ (:13).

Bennis und Nanus befragten 90 Führungspersönlichkeiten, um dem Geheimnis ihrer Führungsqualität näher zu kommen. Dabei stellten sie fest, dass es vor allem vier Hauptfähigkeiten waren, welche die meisten Führungspersönlichkeiten auszeichneten (Bennis 1992:33):

- Mit einer Vision Aufmerksamkeit erzielen
- Sinn vermitteln durch Kommunikation
- Eine Position einnehmen und damit Vertrauen erwerben
- Entfaltung der Persönlichkeit durch ein positives Selbstwertgefühl

Führungspersönlichkeiten sind demnach Persönlichkeiten, die über ein Charisma verfügen, eine ihnen eigene Vision an andere zu vermitteln. Sie sind vor allem anderen *begabt*, von Gott begabt. Volker Steinhof (2001:172) hat daher mit Recht behauptet, dass man über Leitung nur nachdenken kann, wenn man über Charisma nachdenkt. Und dieses Charisma ist immer ein Charisma des Wortes. Blackaby (2001:159) beschreibt diese Begabung als „linguistic intellegence“, eine außerordentliche Fähigkeit, mit dem Wort umzugehen. Seiner Meinung nach verfügen alle effektiven Leiter über eine solche Fähigkeit, ja diese scheint sie geradezu auszuzeichnen. Man kann nur führen, wenn man kommunizieren kann. Für den Bereich der Gemeinde bedeutet das, man kann nur führen, wenn man predigen kann!

2.2 Gemeindevision als Voraussetzung

2.2.1 Leiter sind Menschen mit einer Vision

Leiter haben eine Botschaft, eine Vision. Bill Hybels definiert diese Vision treffend als „ein Bild von der Zukunft, das Leidenschaft verursacht“[18].

„Vision gehört zum Kern dessen was Leiterschaft ausmacht. Nimm dem Leiter die Vision und du nimmst ihm oder ihr das Herz. Vision ist der Brennstoff, der Leiter in Bewegung hält. Es ist die Energie, die Aktionen ermöglicht. Es ist das Feuer, dass die Leidenschaft der Nachfolger entzündet“ (Hybels 2002:32).

Wem eine solche Vision fehlt, der kann nicht leiten, auch wenn er eine Leitungsposition bekleidet.

Vision ist somit eine Sicht für die Zukunft. Eine Sicht, die sich allerdings nicht beliebig entwickeln kann. George Barna (2003:24) definiert in seinem überaus empfehlenswerten Buch Vision als „Voraussicht mit Einsicht, die auf Rücksicht baut“.[19] Er will damit eine Haltung beschreiben, die den Blick in die Zukunft wagt, ohne zugleich die Gegebenheiten der Gegenwart und die

---

[18] Im Original: „Vision is a picture of the future that produces passion.“

[19] Im Original: “You might define vision as foresight with insight based on hindsight.”

Erfahrungen der Vergangenheit zu negieren. Vision ist demnach ein Bild, das man vor den Augen hat, ein Bild, wie die Dinge in der Zukunft sein könnten oder sein müssten. Im Bezug auf den geistlichen Dienst bringt Barna (2003:24) es auf den Punkt: „Vision für den Dienst ist ein mentales Bild über die ersehnte Zukunft, das Gott seinen erwählten Dienern schenkt.“[20] Gott teilt also seinen Dienern mit, was er in der Zukunft für den Aufbau seines Reiches tun möchte. Und sie sind es, die diese Pläne und Konzepte ausführen sollen.

Die Botschaft oder Vision ist zwar nur ein Konzept, aber ein Konzept, das sich im Denken der Leiter längst festgesetzt hat. Ein Traum transformiert in einen Aktionsplan. Noch ist nichts umgesetzt, noch ist nichts greifbar und doch kann der Visionär bereits alles fühlen, alles betasten. Die Vision ist für ihn zum Greifen nahe.

Von allen bedeutenden kirchlichen Leitern kann so etwas behauptet werden. Denken wir z. B. an Martin Luther und an seine Vision von der Kirche. Auch unter Androhungen war er nicht bereit, diese aufzugeben.

Oder denken wir an Billy Graham. Als junger Mann hatte er in den vierziger Jahren des 20. Jahrhunderts einen Traum, Christus in großen Stadien zu verkündigen. Bis heute hat Graham vor mehr als 200 Millionen Menschen gepredigt; seine Verkündigung hörten mehr als eine Milliarde Menschen am Radio und im Fernsehen. Alles hatte mit einer Vision begonnen.

Erinnern wir an Martin Luther King jr., den bedeutenden baptistischen Prediger im noch rassistisch geprägten Amerika. Seine Worte aus dem Jahre 1963 sind unzählige Male wiederholt worden: „Ich habe einen Traum, dass meine vier Kinder eines Tages

---

[20] Im Original: “Vision for the ministry is a clear mental image of a preferable future imparted by God to his chosen servants and is based upon an accurate understanding of God, self and circumstances.”

in einer Nation leben werden, wo man sie nicht nach ihrer Hautfarbe, sondern nach ihrem Charakter beurteilt.“ Er wurde zwar ermordet, aber sein Traum scheint in Erfüllung zu gehen. Heute leben in Amerika Menschen verschiedener Hautfarbe schiedlich-friedlich miteinander.

Ich denke oft an meine geistlichen Leiter, die mein Leben wesentlich geprägt haben. Da war z. B. Maria Karamalak, die in der Baptistengemeinde, zu der wir damals in der UdSSR gehörten, keine offizielle Position hatte. Sie durfte auch nicht predigen (Frauen waren vom Dienst am Wort ausgeschlossen), und doch war sie immer von Menschen umgeben. In ihrem Hause fanden die entscheidenden Zusammenkünfte statt. Wenn sie in der Gemeinde Zeugnis gab, bekehrten sich viele Menschen. Mascha, wie wir sie alle nannten, war unbestritten unsere geistliche Leiterin. Ich wäre als junger Mann nie zu unserem Pastor gegangen, um Hilfe zu suchen; dafür war Mascha da. Diese kleingewachsene Bulgarin hatte eine große Vision. Sie sah auf unser Land (die damalige Sowjetunion) eine mächtige Erweckung und Freiheit für die Predigt des Evangeliums zukommen. „Der Tag kommt und ist nahe, da werden wir vor Tausenden predigen“, pflegte sie zu sagen. Nicht zuletzt deshalb versammelte sie jeden Freitag in ihrer Wohnung alle Willigen, um für Erweckung zu fasten und zu beten. In der UdSSR der siebziger Jahre sah man noch keine Anzeichen einer politischen Wandlung. Wir konnten uns kaum vorstellen, dass man uns eines Tages diese Freiheit zubilligen würde, das Evangelium frei zu predigen. Noch gingen unsere Brüder und Schwestern wegen ihrer zaghaften Versuche zu evangelisieren für viele Jahre in die Gefängnisse und Arbeitslager. Aber in Maschas Haus war die Zukunft zum Greifen nahe. Auch ich war dabei. Was war das für eine Erfahrung, als dann unter Gorbatschow unser Land sich der Predigt des Evangeliums öffnete und wir tatsächlich zu Tausenden predigten. Maschas Vision hatte sich erfüllt.

Nur Menschen mit einer Vision überzeugen. Bill Hybels (2002: 31) nennt die Vision eines Leiters die „potenteste Waffe, mit der die Welt verändert werden kann". Und die Bibel stimmt ihm zu, wenn sie in Sprüche 29,18 feststellt, dass ein Volk ohne Vision zu einer „Wüste" wird.

Woher nehmen Leiter ihre Vision? Wie kommen sie zu dieser alles überragenden Leidenschaft, die ihr Leben prägt? Blackaby (2001:57ff) nennt vier Quellen, aus denen Leiter ihre Visionen schöpfen:

- Gelegenheiten und Möglichkeiten, die sie entdecken,
- Erfahrungen, die sie geprägt haben und die sie gerne wiederholen würden,
- persönlicher Ehrgeiz,
- die Not der anderen.

Obwohl alle diese Phänomene Visionen hervorbringen können, vermögen sie nicht zu überzeugen, sobald es sich um geistliche Themen handelt. Die Gemeinde Jesu ist gut beraten, ihre Vision nicht aus den Gelegenheiten, Erfahrungen und Nöten der Menschen zu erheben, sondern aus Gottes Wort zu gewinnen. Nicht was Menschen wollen ist entscheidend, sondern was Gott will. Leiter werden deshalb nicht gemacht, sondern geboren! Sicher spielen Wissen und Erfahrung von Leitern eine Rolle in ihrer Vision, aber entscheidend sind nicht ihre Erfahrungen. Diese können sogar kontraproduktiv wirken. Der Leiterschafts-Experte Max Dupree warnt deshalb nicht von ungefähr davor, sich auf Erfahrungen auszuruhen. „Erfolg kann ihren Verstand stärker blenden als Vorurteile" (in: Blackaby 2001:58).

Die Heilige Schrift macht unmissverständlich klar, dass die Gedanken von Menschen nicht deckungsgleich sind mit Gottes

Gedanken (Jesaja 55,8–9). Kluge Männer sind es meist nicht, die Gott in den Dienst seines Reiches stellt, sondern eher die Unweisen der Welt (1Kor 1,20). Menschliche Weisheit allein genügt nicht. Visionen, die das Reich Gottes voranbringen, entstammen aus dem Herzen Gottes.

Die oft in diesem Zusammenhang zitierte Bibelstelle (Sprüche 29,18) ist immer wieder falsch verstanden worden. Besonders in amerikanischen Veröffentlichungen wird aufgrund der King-James-Übersetzung gelesen: „Where there is no vision, the people perish." Es geht hier nicht um eine menschliche Vision, sondern um Gottes Offenbarung. Wenn überhaupt der Ausdruck „Vision" an dieser Stelle bemüht werden kann, dann am ehesten als „prophetische Vision oder Offenbarung".[21]

Gott leitet und führt sein Volk durch das Wort der Offenbarung. Das Zeugnis der Heiligen Schrift hierzu ist überwältigend.[22] In keinem anderen Leiter aber kommt dieser Gedanke besser zum Tragen als bei Jesus selbst.[23]

2.2.2 Jesus als Vorbild

Johannes beschreibt die Ankunft Jesu mit den Worten: „Im Anfang war das Wort, und das Wort war bei Gott, und Gott war das Wort ... und das Wort wurde Fleisch und lebte unter uns ... und wir sahen seine Herrlichkeit" (Joh 1,1ff). Der Verkündiger Jesus kommt in die Welt der Menschen mit einer *Botschaft,* und diese

---

21 Siehe dazu z. B: Ringgren 1962:112; u.a.

22 Siehe z. B das Leben des Abraham (Gen 12,1ff), Moses (Ex 3,8ff) und vieler anderer Männer und Frauen, die berufen wurden, eine besondere Aufgabe im Volk Gottes zu übernehmen.

23 Richtig ist die Forderung Steinhofs (2001:172), wenn er schreibt: „Wer über Leitung nachdenkt, muss über Christus nachdenken."

Botschaft ist ein Konzept vom Leben in Fülle, einem Leben in der Qualität Gottes. Nichts treibt Jesus so stark wie diese Vision. Er lebt sie. Ja noch mehr – Er ist die Verwirklichung dieser Vision. Er – der Botschafter – ist die Botschaft. Was er sagt, predigt und lebt befindet sich in völliger Harmonie. Seine Zuhörer verwunderten sich über seine Worte, „denn er sprach wie einer, der Vollmacht besaß“ (Mk 1,22; Mt 7,28–29). Jesus selbst führte diese Vollmacht darauf zurück, dass er nichts von sich aus sagte, sondern nur das, was der Vater ihn lehrte (Joh 8,28). Er und der Vater waren eins (Joh 10,30). Am Ende seines Lebens konnte er sagen, dass er die Aufgabe erfüllt habe, die sein Vater ihm anvertraut hatte (Joh 17,4).

Jesus verkündigte, was der Vater ihm sagte. Er leitete Menschen, die Gott ihm anvertraut hatte (Joh 17,6). Wie kein anderer gab er sich der Vision hin, die Gott für sein Leben hatte. Und wie keinen anderen hat ihn Gott über alle anderen erhoben und ihm einen Namen gegeben, vor dem sich aller Knie beugen werden (Phil 2,5ff). Jesus war ein kerygmatischer Leiter, der seine Vision aus dem Willen seines Vaters bezog.

2.2.3 Gesandt wie Jesus Christus

Wer verkündigend leiten möchte, der sollte das Wort Jesu beherzigen, das er in Johannes 20,21 so formuliert hat: „Wie mich der Vater gesandt hat, so sende ich euch.“ Der Verkündiger des Evangeliums ist gesandt wie Jesus, mit dem gleichen Auftrag, mit der gleichen Vision, mit der gleichen Vollmacht. Und nur wo diese Vision geglaubt und gelebt wird, kann die Predigt in Vollmacht geschehen, kann kerygmatische Leitung wahrgenommen werden. Wie wir gesehen haben, entnahm Jesus seine Vision dem Willen Gottes, des Vaters. Nicht anders sollte es der kerygmatische Leiter tun. Was er predigt und lehrt, muss dem Wort Gottes entstammen!

Das kann jedoch nicht heißen, dass der kerygmatische Leiter im Grunde nichts anderes tun muss, als die Heilige Schrift auszulegen. So richtig und wichtig diese Aufgabe auch ist, so problematisch ist sie geworden infolge einer Auslegung, die auf bloßes intellektuelles Verstehen begrenzt ist. Jesus kannte das menschliche Herz und die Grenzen menschlichen Verstehens. Gerade deshalb versprach er, seinen Heiligen Geist zu senden, der uns „lehren" (Lk 12,12) und an alles erinnern würde, was Gottes Wille für uns ist (Joh 14,26). Nein, so wichtig und gut unsere exegetische Arbeit am Text der Bibel sein mag, die Auslegung des Wortes Gottes in den Alltag der Menschen hinein bedarf jener pneumatischen Konkretion, die nur der Heilige Geist wirken kann.

Wer in der Art Jesu predigen will, wer wie Jesus leiten will, der wird nicht umhin können, sich in seiner Verkündigung von Jesus beschenken zu lassen.

2.2.4 Was ist unsere Vision?

Was ist aber die Botschaft des Christus? Was das uns Predigern anvertraute Geheimnis? Was unsere Vision? In Epheser 1,9 und 21 heißt es: „Denn Gott hat uns wissen lassen das Geheimnis seines Willens, nach seinem Ratschluss, den er zuvor in Christus gefasst hatte ... (die Gemeinde) ist sein Leib, die Fülle dessen, der alles in allem erfüllt."

Was ist das Geheimnis seines Willens? Es ist die Gemeinde, der Leib Christi. Wer predigend leiten will, der muss also gemeindegemäß predigen. Eine solche Forderung für die Predigt ist nicht neu.[24] Leider wird sie aber oft rein kommunikativ verstanden. Dann heißt es, so zu predigen, dass die Gemeinde die Predigt ver-

---

[24] So z.B. Trillhaas 1964:152.

steht. Die Forderung nach Gemeindegemäßheit geht jedoch wesentlich weiter. Trillhaas (1964:153) formuliert richtig: „Die Gemeindemäßigkeit wird aber nicht so gewonnen, dass man in Seminaren eine Technik lernt, sondern dadurch, dass man in Theologie, in kirchlicher Arbeit, in amtsbrüderlichem Austausch bei strenger Bindung an die Gemeinde immer wieder sich dem beugt, was die Kirche in Wirklichkeit ist: die Braut des Lammes, und doch menschlich ganz und gar."

Die Gemeinde als „Braut des Lammes". Was bedeutet das? Ich weiß noch, wie ich diese Frage einem meiner Lehrer stellte und er augenzwinkernd antwortete: „Lies den Epheserbrief." Und ob ich ihn las. Ich lese ihn immer noch und immer wieder neu. Die Aussagen dieses Briefes über die Gemeinde übersteigen meine Fähigkeit, sie wirklich und voll zu erfassen. Wie sollte ich auch? Woher weiß ich denn, was die Fülle Gottes bedeutet? Wer vermag es schon zu erklären, wie es ist, wenn alles in allem sich in einer Wirklichkeit konzentriert? Nun, das wird über die Gemeinde gesagt – in ihr soll die Fülle all dessen leben, was Gottes ist (Eph 1,23).

Ich kann Paulus gut verstehen, wenn er angesichts solcher Aussichten über die Gemeinde auf die Knie ging und bekannte: „Deshalb beuge ich meine Knie vor dem Vater, nach dem jede Vaterschaft im Himmel und auf Erden benannt wird" (Eph 3,14f).

Eine Gemeinde, in der Menschen leben, die den Himmel auf Erden erleben. So wie es bei den ersten Christen in Jerusalem war (Apg 2–5): Sie teilten alles miteinander, sorgten füreinander, und Gott tat Wunder unter ihnen in der Art, dass der Boden, auf dem sie beteten, zu schwanken begann. Kranke wurden geheilt, Gebundene frei. Gottes Geist war am Wirken. Niemand litt irgendeinen Mangel. Welch ein Bild von der Gemeinde!

Nur wenn diese Vision von Gemeinde unsere Predigt motiviert und steuert, kann adäquat geführt werden. Kraftvolle Predigt setzt eine umfassende Vision dessen voraus, was Gott in der Welt und für die Welt will. Nur wer Gottes Ratschluss kennt, kann durch seine Predigt Rat geben! Und Gottes Ratschluss hat mit dem Leib Christi zu tun – mit der Gemeinde Jesu auf Erden. Kerygmatische Leitung ist demnach ein gemeindebezogenes Unternehmen. Sie setzt Gemeinde voraus und sie geschieht inmitten der Gemeinde mit dem erklärten Ziel, diese der göttlichen Vision entsprechend zu gestalten.

2.2.5 Ein Visionsstatement für unsere Gemeinde

Doch auch die beste Gemeindevision – so richtig und biblisch sie sein mag – wird relativ wenig Erfolg haben, wenn sie nicht in Worte gefasst wird, welche die Gemeindemitglieder verstehen. Die biblische Vision von der Gemeinde muss deshalb kontextualisert und konkretisiert werden, nur so wird sie verständlich und damit kraftvoll.

Wie oft habe ich in meinem Leben schon den Satz gehört: „Wir sind eine biblische Gemeinde." Doch es bedarf keiner großen Mühe festzustellen, wie wenig der Alltag dieser ach so „biblischen" Gemeinden in der Praxis dem gelobten Original entspricht. Die Ursache kann unter anderem darin liegen, dass die Leiter der Gemeinde es nicht verstanden haben, ihre biblischen Erkenntnisse in eine aktuelle und lebensnahe Sprache zu kleiden. George Barna (2003:29) sieht gerade in einem formulierten und auf die Gemeindesituation angepassten Statement große Chancen. In seiner Untersuchung stellte er fest, dass gerade diejenigen Gemeinden sichtbare Fortschritte vorweisen können, die über solche Visions-Statements verfügen. Wichtig ist, dass man sich immer wieder neu die Mühe machen sollte, Gottes Botschaft für die Gemeinde am Ort neu zu verstehen und dann zu formulieren.

Wer weiß, was Gott will, wer begriffen hat, was Gottes Plan

letztlich ist und welche Rolle in diesem Plan mir, seinem Prediger, zukommt, der kann nicht anders, als die Verkündigung zur Herzenssache zu machen. Alex Montoya (2000:10) weist mit Recht darauf hin, dass es letztendlich auf die Leidenschaft, mit der eine Predigt vorgetragen wird, ankommt, wenn es um messbare Ergebnisse, um die erzielte Wirkung beim Hörer geht.

2.3 Kontaktstark predigen

2.3.1 Der Hörer als zweiter Text

John C. Maxwell (2001:2) sagt, das erste und wichtigste Prinzip der kerygmatischen Leitung beziehe sich auf die Fähigkeit des Predigers, einen Kontakt zu seinen Zuhörern zu finden: „Wenn ich mir Redner mit den unterschiedlichsten Stilen und Methoden ansehe, dann stelle ich fest, dass sie alle eine Sache gemein haben: Ich habe gesehen und beobachtet, dass alle großen Kommunikatoren die Fähigkeit haben, den Kontakt herzustellen. Sie können den Kontakt mit ihrem Publikum herstellen. ... Die großen Prediger ... wenn sie herauskommen zum Predigen, dann ist ihnen bewusst, dass ihre wichtigste Aufgabe nicht darin besteht, eine Botschaft zu bringen. Ihre erste Aufgabe ist es herauszufinden, wo sich die Menschen befinden. Die Botschaft kann nur rübergebracht werden, wenn die Menschen auch zu Hause sind."

Das Bild ist klar und verständlich. Ich kann nur kommunizieren, wenn ich auch gehört und verstanden werde. Meine Zuhörer müssen da abgeholt werden, wo sie „zu Hause" sind. Oder wie Rudolf Bohren (1980:443) es ausdrückt: „Wer predigt, predigt jemandem. Niemandem kann keiner predigen." Er fordert daher auf, den Hörer zum zweiten Text zu erheben (461ff).

Soll unsere Verkündigung effektiv sein, so muss sie – wie Ernst Lerle (1989) es forderte – „kontaktstarke Verkündigung" sein. Sie soll, ja sie muss den Zuhörer da abholen, wo sich der Zuhörer gerade befindet.[25]

Das erfordert vom Verkündiger an großes Maß an Kenntnis seiner Hörer und entsprechendes Fingerspitzengefühl. Nach Theodor Christlieb (1893:262), dem Vorkämpfer der Evangelisation in Deutschland, ist es nötig, „dass der Prediger im Leben der Gemeinde stehe und deren Verhältnisse, Bedürfnisse, Sünden und Gnadengaben wohl kenne. Was geschieht in der Gemeinde, das muss ihn innerlich berühren, darüber muss er sich mitfreuen oder mittrauern und sich beugen. Und daraus fließt ihm dann immer neuer Stoff für die Predigt zu. Sobald der Zuhörer merkt, daß der Prediger ihn und seine besonderen Verhältnisse, Bedürfnisse, Anschauungen, Gefahren, Hindernisse im geistlichen Wachstum, seine üblen oder auch guten Gewohnheiten ganz wohl kennt, sich lebendig in sie hineinversetzt hat, da lauscht er ihm gerne, da merkt er, daß er lernen und profitieren kann.“[26]

In der neueren homiletischen Diskussion in Deutschland[27] ist es vor allem das Verdienst Ernst Langes, der die Predigt als Kommunikationsbemühung zu verstehen suchte und daher konsequent die Partizipation des Predigers am Leben des Hörers verlangte (1976:30ff). Heute ist die Bemühung um echte Hörer-Meditation zum Standardthema der zeitgenössischen Homiletik geworden. Für Lange ist die Teilnahme des Predigers am Leben seiner Zuhörer „Voraussetzung von Kommunikation“ (1976:31)

---

[25] Zur Predigt als Kommunikationsgeschehen und den unterschiedlichen Kommunikationstheorien in ihrer Anwendung auf die Predigt, siehe: Pieterse 1987:74-130; Härtner 2001: 156-192.

[26] Ganz ähnlich argumentiert August Tholuck, wenn er fordert, die Predigt als „Nachhall der Erfahrungen ..., welche die Wanderungen durch die Gemeinde die Woche hindurch haben machen lassen“, zu begreifen. „Je mehr die Predigt das Ergebnis hiervon ist, desto individueller, örtlicher, treffender wird sie seyn“, schreibt Tholuck (zit. nach Husar 1987:44).

[27] Ein ähnliches Verdienst kommt in Nordamerika Merril R. Abbey (1976) und J.R. Nichols (1980) zu, in Südafrika H.J.C.Pieterse (1987).

und damit Voraussetzung zum Gelingen der Predigt. Partizipation muss dabei als echte Teilnahme verstanden werden und nicht nur als genaue Kenntnis der Situation des Hörers.[28] Mit anderen Worten, erst wenn der Prediger mit seinen Hörern lebt, mit ihnen Freude und Leid teilt, vermag er ihnen auch das Wort Gottes richtig zu predigen.

2.3.2 Die Ebenen der Kommunikation

Ernst Lange forderte vom Prediger jedoch nicht nur Lebensnähe zum Hörer, sondern verlangte Nähe zu allen Hörern. Für ihn war die Predigt das „Wort für alle" (1981:103). Doch wie predigt man für alle, ohne Gefahr zu laufen, niemanden mehr wirklich anzusprechen? Unsere Zuhörer liegen bekanntlich nicht alle auf der gleichen Wellenlänge mit uns Predigern. John C. Maxwell (2001:4) unterscheidet fünf Ebenen, auf denen sich unsere Zuhörer in Bezug auf den Prediger befinden können:

- **Positionsebene.** Dies ist die niedrigste Ebene der Beziehung. Der Prediger wird hier als Kleriker, als offizieller Vertreter der Kirche oder als gebildeter Akademiker gehört. Eine persönliche Beziehung fehlt ganz.
- **Erlaubnisebene.** Auf dieser Ebene wird der Prediger nicht nur als Beamter gehört – die Zuhörer haben bereits eine positive Grundhaltung aufgebaut, sie mögen den Stil und beginnen sich für eine geistliche Führung durch die Predigt zu öffnen.
- **Beziehungsebene.** Der Prediger und seine Zuhörer kennen sich gut. Man erwartet vom Prediger geistliche Führung.

---

[28] Siehe hierzu die kritische Auseinandersetzung mit der Kritik R. Bohrens in Husar 1987:90.

- **Produktionsebene.** Während die Erlaubnisebene und mehr noch die Beziehungsebene eine persönliche Beziehung zwischen Prediger und Zuhörer voraussetzt, erwartet man auf der Produktionsebene Resultate. Auf dieser Ebene beziehen die Zuhörer die persönlichen Erfolge in ihrem geistlichen Wachstum direkt auf die Verkündigung und Arbeit ihres Predigers. Sie mögen sagen: „Ich habe mich durch den Dienst dieses Pastors bekehrt … er hat mich getauft … ich habe es in seinem Seminar gelernt … mein Leben hat sich seit dieser Predigt geändert …"
- **Entwicklungsebene.** Auf dieser Ebene findet bewusste Arbeit an der persönlichen Entwicklung des Zuhörers und seiner Persönlichkeit statt. Der Zuhörer will diese Arbeit an sich selbst und erwartet von der Verkündigung Orientierung im persönlichen Prozess der Heiligung und Umgestaltung in das Bild des Christus.

Menschen, die sich unter die Verkündigung des Wortes Gottes begeben, sind also nicht alle gleich motiviert, gleich offen und ansprechbar. Es ist daher auch unmöglich, alle Zuhörer gleich stark anzusprechen. Eine angemessene Predigt bewegt sich von einer Ebene zur andern. Ein guter Verkündiger wird daher seine Zuhörerschaft einzuschätzen wissen.

2.3.3 Das Prinzip der Kondeszendenz

Auch die beste Gemeindeanalyse wird nicht über die Tatsache hinwegtäuschen, dass in jeder christlichen Versammlung die Zuhörer einem bunten Teppich gleichen. Man wird unmöglich allen zugleich angemessen predigen können. Wo setzt man an? Welche Zuhörergruppe bevorzugt man? Darf man überhaupt nur auf einer Ebene predigen? Was ist mit den anderen?

Martin Luther führte in die Homiletik ein Prinzip ein, das mir gerade für die kerygmatische Leitung in der Gemeinde von großer Bedeutung erscheint. Luther verlangt: „Alle deine Predigten sollen so einfach sein wie nur möglich! Nimm keine Rücksicht auf den Fürsten, sondern nur auf die Ungebildeten und Ungelehrten; der Fürst wird auch nicht vom besseren Mehl gebacken sein. ... Wenn ich in meyner predigt solde Philippum (gemeint ist sein gelehrter Mitstreiter Philipp Melanchthon) vnd andere doctores ansehen, so machte ich nichts guts. Ich predige für die Ungebildeten ganz einfach, und so gefällt es allen. Kann ich Grekisch, Hebreisch, Lateinisch, etc., das spare ich *in consortium nostrum* (gemeint ist: unter Theologen); do machen wir es so krause, daß sich vnser Hergot druber verwundert."[29]

Luther entscheidet sich im Zweifelsfall immer für den Schwächsten in der Reihe seiner Zuhörer. Für dieses Prinzip benutzt er zwei Schlüsselbegriffe: *demittere* (herablassen) und *condescendere* (herunterlassen). „Kondeszendenz, Herablassung auf ein unterstes soziales Niveau ist für ihn unablässig wiederholtes und in der eigenen Predigtpraxis immer stärker angestrebtes homiletisches Prinzip" (Albrecht 1985:19).[30] Luther: „Ich muß mich doch sehr wundern, daß sie sich nicht herablassen (demittere) können auf das Fassungsvermögen der Zuhörer. ... Es gehen da magde und knechte in die kirchen; den mus man predigen, die bedurffen vnser predigt ... da muss man sich herunter lassen."[31] Dass die wenigsten Prediger dieses Prinzip befolgen, war schon Luthers bittere Erfahrung, der er harschen Ausdruck gibt: „Verflucht sei jeder Prediger, der in der Kirche nach Hohem (*sublimia*) trachtet und nur auf sein Ansehen aus ist, weil er in seinem

---

[29] WA TR III, S. 454,22–455,2. Hier zit. nach H. Albrecht 1985:19.
[30] Siehe dazu E.Hirsch, „Luthers Predigtweise", in: Luther 25/1954, S. 1–23,14.
[31] WA TR V, S. 167, 19–24. Hier zitiert nach Albrecht 1985:19.

Ehrgeiz dem einen oder dem anderen zu gefallen sucht! Wenn ich alhie predige, so lasse ich mich auffs tieffste herunter."[32]

Das lutherische Prinzip der Kondeszendenz ist im tiefsten Sinne christologisch begründet. Es folgt dem inkarnatorischen Vorbild Jesu Christi (Joh 1,1ff) und der hiervon abgeleiteten Theologie und Praxis des Apostels Paulus (1Kor 9).

Kerygmatische Leitung wird sich des Prinzips der Kondeszendenz bedienen müssen, wenn es überhaupt zum Leiten durch Verkündigung kommen soll. Einen wie auch immer gestalteten „Goldenen Mittelweg" gibt es nicht.

Für die Gemeindearbeit bedeutet dies, dass Verkündigung an einen Ort gebunden ist. Nicht an jedem Ort kann in gleicher Weise gepredigt werden. Das schließt auch die Kirche und den sonntäglichen Gottesdienst mit ein. Es ist der Besucher, der entscheidet, was und wie man am gegebenen Sonntag in der Kirche predigt, und nicht die Tatsache, dass die Predigt in der Kirche stattfindet. Johann Hinrich Wichern, der sich angesichts seiner Forderung, die Predigt auf die Straßen und in die Theater der Stadt zu tragen, zunehmender Kritik erwehren musste, schrieb dazu treffend: „Aber ist es nicht ein Zeichen von Verfall, daß solche Fragen auch nur möglich sind und daß der Glaube seine Waffen aus der Rüstkammer des Aberglaubens zu entlehnen wagt, als heilige der Ort das Wort, nicht aber das Wort den Ort?" (zit. nach Husar 1987:43). Nicht der Ort, sondern die Zuhörer bestimmen Inhalt und Art der Predigt. Der Ortswechsel kann der Predigt ggfs. sogar dienlich sein.

Ein Beispiel aus meiner Gemeindepraxis soll das verdeutlichen. In einer neu gegründeten Gemeinde sahen sich die Gemeindeglieder nicht imstande, einen größeren Versammlungsraum mit

---

[32] WA TR III, S. 419,28-420,4. Hier zitiert nach Albrecht 1985:19

Nebenräumen für die sonntäglichen Treffen anzumieten. Das Resultat: Alle Kinder mussten im Gottesdienst bleiben, was bald zu einer Herausforderung für die sonntägliche Predigt wurde. Wen sollte der Prediger ansprechen: die Erwachsenen, die Kinder, alle miteinander? Wie sollte man eine solche Quadratur des Kreises schaffen? Welche kleinen Kinder würden 30 Minuten still einer Predigt zuhören können, und was würde eine solche Predigt den Kindern bringen? Und dann – würden die restlichen, vor allem erwachsenen Gemeindebesucher den Gottesdienst nicht „leer" verlassen?

Die Entscheidung der Gemeindeleitung war, eine mehrschichtige Verkündigung in der Gemeinde zu versuchen. Während im Sonntagsgottesdienst die Predigt kindgerecht verpackt wurde, führte man Seminare, Hauskreise und andere Veranstaltungen während der Woche durch, in denen „fortgeschrittene" Christen geistliche Nahrung erhielten. Der Sonntaggottesdienst wurde zum „Familienfest" mit den Kindern im Mittelpunkt, was aber nur wenige Gemeindebesucher wirklich störte. Sie erhielten genug geistliche Unterstützung und Anregung während der Woche.

Nach einem ähnlichen Prinzip führt die Willow Creek Community Church in Chikago ihre Gottesdienste für Kirchendistanzierte durch. Im Zentrum der Aufmerksamkeit stehen Menschen, die das Evangelium nur oberflächlich kennen. Für alle anderen finden Gemeindetreffen außerhalb des sonntäglichen Gottesdienstes statt. Das Prinzip ist klar – Gottesdienst und Predigtniveau bestimmen die geistlich Schwächsten in der Kette.

2.4 Kerygmatische Leitung als Prozess

2.4.1 Veränderung und Transformation brauchen Zeit

Wer gemeindegemäß predigt, predigt mit der Absicht, das biblische „Ideal" von Gemeinde in der lokal gegebenen Gemeindewirklichkeit umzusetzen. Eine solche Umsetzung aber findet nicht über Nacht statt, gewissermaßen „durch eine, alles entscheidende Predigt". Veränderung und Transformation brauchen Zeit. Wer sich auf den Weg des Glaubens begeben hat, der hat einen „Weg der Heilung", wie Theodor Christlieb es nannte (1893:61), gewählt. Auf diesem Weg wird das Wort Gottes zum Licht auf dem Weg (Ps 119,105). Und dieser Weg kennt Anfang und Ende, Beginn und Ziel.

Leiten durch Verkündigung kann daher nur als geplantes, durchdachtes Unternehmen funktionieren. Die Aufforderung an den Prediger, sich selbst die Arbeit zu erleichtern und einen Predigtplan aufzustellen,[33] wird allein sicherlich nicht genügen. Wer seine Zuhörer geistlich führen will, der sollte sich über die Gesamtstrecke wie auch über sinnvolle Teilabschnitte zum Ziel Gedanken machen.

2.4.2 Vom Zustand zum Endstand

Gemeindegemäße Predigt wird sich Lernziele setzen. Es ist ein planvolles Verkündigen, das im Dienst des Hinführens steht. Wer aber führen will, der muss abholen können. Deshalb ist für eine kerygmatische Leitung eine „Gemeindeexegese" unbedingt erforderlich. Der Prediger sollte wissen, wo sich seine Zuhörer be-

[33] So Briscoe 2000: 46ff.

finden, und in etwa einschätzen, wie weit sie vom Ziel entfernt sind. Kerygmatische Leitung muss demnach als Prozess begriffen werden, als Prozess von einem Ist-Zustand zu einem Soll-Endstand.

ZUSTAND ⟹ ENDSTAND

Der Zustand beschreibt hier den IST-STAND, die vorhandene Situation der Gesamtgemeinde und ihrer einzelnen Gemeindeglieder, der Endstand beschreibt das SOLL, das biblische Ideal. Wo stehen meine Zuhörer, meine Gemeindeglieder geistlich, sozial, gemeindemäßig? Wo will Gott sie sehen? Ohne Beantwortung dieser Fragen ist eine Gemeinde nicht zu leiten, können „die Heiligen" für ihren Dienst nicht zugerüstet werden (Eph 4,12).

2.4.3 Planvolles Verkündigen

Sind diese Fragen beantwortet, kann der Prozess der Umgestaltung beginnen. Planvolles Vorgehen ist nun gefragt. Das schließt sowohl die Arbeit an der Beziehung zum Hörer, als auch die bewusste Planung des individuellen Wachstums des Hörers ein. Ein Prediger, der planvoll predigen möchte, wird eine bestimmte Portion an Eigendisziplin mitbringen müssen. Stuart Briscoe (2000:46) schreibt über seine eigene Predigtarbeit:

„Man kann mich nicht gerade als übermäßig organisierten Menschen bezeichnen. Aber ich kann Ihnen normalerweise zu jedem beliebigen Zeitpunkt drei Dinge über meinen Predigtplan sagen: Was das Ziel meiner momentanen Predigtreihe ist, wann ich drei oder vier Themenpredigten als Verschnaufpause zwischen zwei Predigtreihen schalten werde und welches Thema meine nächste Predigtreihe haben wird."

Auch in meinem Predigtdienst habe ich den großen Vorteil eines Predigtplans schätzen gelernt. Die Monotonie eines solchen Plans ist durch die Einführung von Predigtreihen zu überwinden. Dabei können solche Predigtreihen einen ganzen Lehrschritt abdecken. Ein einfaches Diagramm kann dabei helfen:

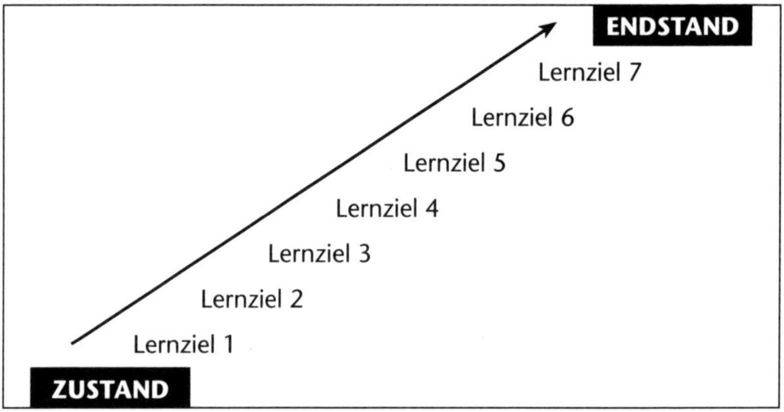

Lernziele: Vom Zustand zum Endstand

Die 7 Lernschritte können in jeweils einer Predigteinheit erreicht werden oder auch in mehreren. Um das Beispiel einfach zu handhaben, gehen wir von jeweils einer Predigt pro Lernziel aus. Das folgende Beispiel verdeutlicht die mögliche Vorgehensweise.

Ich wurde von einer Gemeinde eingeladen, eine Bibelwoche zu gestalten, um eine seit Jahren anhaltende Leitungskrise der Gemeinde überwinden zu helfen. Das von mir erwartete Endergebnis der Woche stand fest: die Gemeinde sollte die Grundstrukturen der Gemeindeleitung verstehen und akzeptieren lernen. Ich entschloss mich für eine Bibelwoche zum Epheserbrief. Die Gemeinde sollte die Vorteile und die praktische Verwirklichung des paulinischen Leitungsteams, wie es Epheser 4,11 beschreibt, kennen lernen und dazu angeleitet werden, eine Reform der bisherigen Leitungsstruktur (eine straffe pastorale Ein-

Mann-Leitung) vorzunehmen. Die sieben Lernschritte sahen so aus:

Lernziel 1: Die Zuhörer begreifen die hohe Berufung, die Gott mit seiner Gemeinde verbindet (Eph 1).

Lernziel 2: Die Zuhörer begreifen die Art des Kampfes um die Verwirklichung göttlicher Vision durch die Gemeinde und die daraus resultierenden Probleme für die einzelnen Christen (Eph 2,1–3; 6,12ff).

Lernziel 3: Die Zuhörer begreifen die Leib-Christi-Struktur der Gemeinde (Eph 2,8–10; 4,1–16) und beginnen zu fragen, wie sie von Gott in den Leib eingeordnet worden sind.

Lernziel 4: Die Zuhörer begreifen ihre eigene Verantwortung vor Gott (Eph 3).

Lernziel 5: Die Zuhörer verstehen den Inhalt und die Bedeutung des fünffachen Dienstes für die geistliche Auferbauung des einzelnen Gemeindegliedes (Eph 4,11–16).

Lernziel 6: Die Zuhörer erklären sich bereit, der Autorität einer von Gott eingesetzten Leitung Gehorsam zu leisten (Eph 4,12ff).

Lernziel 7: Die Gemeinde beginnt den Prozess einer Leitungsreform.

2.4.4 Der Kunde ist König

Der geistliche Zustand der Zuhörer ist im Moment der Kontaktaufnahme meist sehr unterschiedlich. Um die Zuhörer leichter einordnen zu können, hat sich die Skala des amerikanischen Missionswissenschaftlers James Engel als hilfreich erwiesen.[34] Sie

[34] Siehe in *Evangelisation und Jüngerschaft. Ein Arbeitsbuch*. Wien 1987, S.143.

ordnet die Zuhörer in 14–15 Kategorien ein – von völliger Unkenntnis des Willens Gottes bis zu einem Leben nach dem Plan und Willen Gottes.

GOTT	EVANGELIST		MENSCH
Überführung	Verkündigung	-7	Erstkontakt mit dem Evangelium
		-6	Grundwahrheiten der Bibel verstanden
		-5	Bedeutung des Evangeliums erfasst
		-4	Positive Einstellung zu Gott
		-3	Persönliches Problem erkannt
		-2	Entschluss zum Handeln gefasst
	AUFRUF	-1	Buße und Glaube
WIEDERGEBURT			NEUER MENSCH

Engelsche Skala

Kerygmatische Leitung wird sich darum bemühen, die Zuhörer da anzusprechen, wo sie „zu Hause“ sind, und sie dann auf dem Weg des Heils weiterzuführen. Es ist dabei wichtig, sich bewusst Teilziele zu setzen.

2.4.5 Teilziele kerygmatischer Leitung

Nach Epheser 4,11 hat Gott in seiner Gemeinde begabte Leiter eingesetzt mit der konkreten Aufgabe, „die Heiligen zu ihrem Dienst“ zuzurüsten, so dass sie „in die ganze Mannesgröße des Christus hineinwachsen“ können, stabil werden und so dem Wachstum des Leibes entschieden Vorschub leisten können (Eph 4,11–16).

Daraus ergeben sich fünf wichtige Teilbereiche der Verkündigung: Der Mensch muss evangelistisch angesprochen, seelsorglich aufgebaut, lehrmäßig gefestigt, in seiner Lebensberufung erkannt und im Reich Gottes eingesetzt werden. Hieraus ergeben sich fünf Teilbereiche kerygmatischer Leitung[35]:

- Apostolische Verkündigung
- Prophetische Verkündigung
- Evangelistische Verkündigung
- Seelsorgliche Verkündigung
- Lehrmäßige Verkündigung

Der kerygmatische Leiter wird nur dann sein jeweiliges Teil-Ziel erreichen können, wenn er es versteht, seine Zuhörer gemäß den oben besprochenen Kommunikationsprinzipien von der Positionsebene auf die Entwicklungsebene zu heben. Er muss sich demnach um die Beziehung zu seinen Zuhörern bemühen, um ihr Vertrauen. Das kann verständlicherweise nicht allein im Rahmen des Gottesdienstes geschehen. Vielmehr ist ein geistliches Miteinander – *koinonia*[36] – vonnöten, das sich eher in einer kleinen Zel-

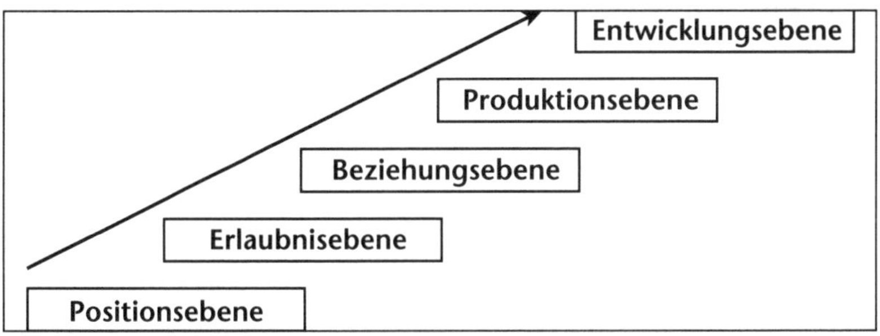

Ebenen der Verkündigung

[35] Zur Diskussion der theologischen Bestimmung der Predigt in der Geschichte der Homiletik in Bezug auf die inhaltliche Aufteilung der Predigt in evangelistische/missionarische, lehrmäßige/kultische und seelsorgerliche siehe Husar 1987:24ff. Allerdings beschränkt sich nach Husar die Diskussion auf nur drei Bereiche (so auch in späterer Homiletik, siehe z. B. Sorg 1984). Die apostolische bzw. prophetische Leitung wird durchweg nicht behandelt.

[36] Im Griechischen Ausdruck für gegenseitiges Anteilgeben und -nehmen – der neutestamentliche Hauptbegriff für Gemeinschaft. Vgl. z. B. Apg 2,42ff.

le abspielt als in der doch großenteils anonymen Atmosphäre des üblichen Gemeindegottesdienstes.

2.5 Das Gemeinde-Verkündigungs-Team

Es liegt in der Natur der Sache, dass eine so beschriebene Aufgabe der Verkündigung nicht von einem Prediger geleistet werden kann und nicht allein die Predigt im sonntäglichen Gottesdienst meinen kann. Ein anderes Verkündigungsmodell ist von Nöten.

Die Antwort ist das *Verkündigungsteam*. Verkündigung muss nicht nur *inhaltlich* geplant werden, sondern auch *personell*. Manfred Seitz (1985:9) sprach in diesem Zusammenhang gar von der „Nötigung zur Planung".[37] Ganzheitliche Verkündigung im Sinne einer Anleitung zum Leben verlangt nach der Vielfalt der Gaben in der Gemeinde, die auf das eine Ziel hin ausgerichtet werden: die geistliche Erbauung des Einzelnen (1Kor 12,7; Eph 4,16).

2.5.1 Das biblische Modell

Das biblische Modell hierfür findet sich m.E. in Epheser 4,7.11–12:

Jedem einzelnen von uns ist die Gnade nach dem Maß der Gabe Christi gegeben worden ... Und er hat die einen als Apostel gegeben und andere als Propheten und andere als Evangelisten und andere als Hirten und Lehrer, zur Ausrüstung der Heiligen für das Werk des Dienstes, für die Erbauung des Leibes Christi, bis wir alle hingelangen zur Einheit des Glaubens und der Erkenntnis des

[37] S. die Diskussion über Sinn und Unsinn einer Personalplanung in der Kirche bei Seitz (1985:10-14).

Sohnes Gottes, zur vollen Mannesreife, zum Vollmaß des Wuchses der Fülle Christi. (*Elberfelder Bibelübersetzung*).

Ohne sich in eine tiefere Exegese[38] dieses Textes im Rahmen dieser Studie begeben zu müssen, können folgende Aussagen unterstrichen werden:

a) Gott hat jedem Christen Gnadengaben zum Dienst gegeben.
b) Gott hat in der Gemeinde besondere Dienste geschaffen, die Christen zum Dienst zurüsten sollen: Apostel, Propheten, Evangelisten, Hirten und Lehrer.
c) Durch die Zurüstung wird der „Leib Christi" (die Gemeinde) erbaut und persönliches Wachstum der Christen möglich.

Damit sind die Absichten und Ziele einer Verkündigung beschrieben, Christen für ihren gottgegebenen Auftrag zuzurüsten, wie auch ein möglicher Weg dahin. Während die Absicht im Aufbau des „Leibes Christi" (der Gemeinde) mündet, wird zur Methode eine gewisse Struktur deutlich. Diese kann mit der Hinzunahme des Textes aus 1. Korinther 12,4–6 wie folgt formuliert werden:

- Die Gnadengaben werden erkannt.
- Die Dienste entsprechend den Gaben werden definiert und festgelegt.
- Die Zurüstung zum entsprechenden Dienst beginnt.

Wichtig ist festzuhalten, dass dieser Prozess nach Vers 15–16 im Rahmen der Gemeinde selbst stattfinden muss und nur hier zum beabsichtigten Ergebnis führen kann.

---

[38] Als hervorragende Beiträge zum Verständnis des Textes können die Kommentare dienen von R. Schnackenburg, Die Brief an die Epheser, S. 182ff; F.F. Bruce, The Epistles to the Colossians, to Philemon, and to the Ephesians, S. 345f; H. Schlier, Der Brief an die Epheser, z.St. u.a.

Wir fassen zusammen: Biblische Zurüstung von Christen ist eine Sache der Gemeinde. Sie setzt das Erkennen der Gaben und – Gaben entsprechend – der Aufgaben/Dienste am „Leib Christi" voraus. Erst auf diesem Hintergrund kann Zurüstung geschehen; diese wird im Kontext der Gemeinde von besonders begabten Ältesten vorgenommen.[39]

2.5.2 Gemeinde-interne und gemeinde-externe Zurüstung

Die Auflistung der für die Zurüstung notwendigen Gaben lässt bereits erkennen, dass nicht alle Dienstämter gemeinde-intern arbeiteten. Apostel, Propheten und Evangelisten standen in der neutestamentlichen Gemeinde primär in orts- und gemeindeübergreifenden Diensten. Das kann jedenfalls mit Sicherheit von den Aposteln Jesu Christi gesagt werden.[40]

Paulus ist das beste Anschauungsbeispiel. Mitarbeiter des Paulus kamen zwar aus Gemeinden und waren diesen Gemeinden auch Rechenschaft schuldig, sie erhielten aber ihre Zurüstung durch Paulus auf dem Missionsfeld[41], oft fern der eigenen Ge-

[39] Die in Epheser 4,11 erwähnten Dienste werden nirgendwo klar mit den Aufgaben der Ältesten identifiziert. Allerdings zeigt eine genaue Studie der Aufgaben der neutestamentlichen Ältesten, dass sich ihre Aufgaben mit den in Epheser 4,11 erwähnten Diensten decken. Aus diesem Grund sollte man als Idealstruktur für die Leitung der Gemeinde den fünffältigen Dienst der Ältesten in Betracht ziehen. Siehe hierzu: MAUERHOFER, A. (1998:88). Es verwundert allerdings, dass trotz der richtigen Einsicht in die Ältestenstruktur der Gemeindeleitung ausgerechnet Mauerhofer nach der Berufung eines Verkündigers verlangt (:98–106). Hinter einer solchen Forderung ist die alte Ein-Mann-Struktur leicht zu entdecken.

[40] Zur Unterscheidung zwischen den Aposteln Jesu Christi und Gemeindeaposteln, siehe weiter hier im Text.

[41] Siehe hierzu: Ollrog 1979. Allerdings ist die Darstellung W.-H. Ollrogs, Paulus und seinen Mitarbeitern sei es weniger um die missionarische Motivation der Gemeinden gegangen, eher zurück zu weisen. Siehe hierzu die Argumentation von J.H. Marshall 2000:252ff.

meinde. Ein klassisches Beispiel hierfür ist Timotheus, ein treuer Schüler, Mitarbeiter und Kollege des Paulus, der sich von einem Begleiter des Silas zum Aufbau der Gemeinde in Beröa (Apg 17,14–15) zu einem eigenständig agierenden Gesandten des Paulus in Korinth (1Kor 4,17), Philippi (Phil 2,19.23) und in anderen Gemeinden entwickelte. Schlussendlich wurde er zum Hirten der Gemeinde in Ephesus. Paulus diente ihm als Vorbild und ermahnte ihn, an seiner Lehre festzuhalten (2Tim 1,13).

Die Liste von Epheser 4,11 erwähnt neben diesen „Reisediensten" (Apostel/Propheten/Evangelisten) auch die Hirten und Lehrer. Es ist unwesentlich, ob es sich hierbei um eine Personengruppe oder um zwei handelt. Wichtig ist nur, dass Hirten und Lehrer offensichtlich als lokale, ortsgebundene Diener gesehen werden. Ich persönlich bin der Ansicht, dass es sich um zwei verschiedene Gaben handelt. Die enge Verknüpfung des Hirten mit dem Lehrer würde eine hirtenunabhängige Tätigkeit des Lehrers ausschließen.[42] 1. Timotheus 3,2 erwartet zwar von einem Vorsteher (*episkopos*) die Fähigkeit zu lehren, was jedoch nicht heißt, dass die Gemeinde keine Lehrer neben dem Hirtenamt kannte.

Wir fassen zusammen: Die Zurüstung zum Dienst war in der neutestamentlichen Gemeinde offensichtlich ein gemeindeinterner Vorgang. Gelegentlich geschah diese Zurüstung auch gemeindeextern (so z.B. auf den Missionsreisen des Paulus, der seine Mitarbeiter schulte und förderte).

In meiner Gemeindepraxis habe ich die Bedeutung der externen Prediger für den Gemeindeaufbau sehr schätzen gelernt. Gerade in traditionellen Gemeinden hat der von der Gemeinde angestellte Verkündiger oft nur begrenzte Möglichkeiten, das Wort Gottes in seiner ganzen Schärfe zu predigen. Da ist man als „Pro-

---

[42] Vincent III:390.

phet im eigenen Land“ sehr schnell auf einem einsamen Posten. Ganz anders ein Gastredner, vor allem der aus dem üblichen Rahmen fallende Gast. Ihm werden selbst harte Wahrheiten abgenommen. Oft kamen Pastoren völlig verwundert auf mich als Gastredner zu und sagten: „Ich versuche ihnen diese Wahrheit seit Jahren zu vermitteln, aber sie wollten noch nicht einmal darüber nachdenken. Jetzt kommst du, haust in dieselbe Kerbe, und alle sind begeistert.“

Ich tröste sie dann, indem ich auf das „Affen-Prinzip“ verweise. „Sieh, für deine Gemeinde bin ich ein russischer Exote, eine Art interessanter Affe. Ich sage ihnen zwar nichts Neues, doch vor dem Hintergrund, aus dem ich komme, klingen die Worte eben anders. Man ist eher geneigt, Fremden zuzuhören. Jetzt kommt es nur darauf an, was du daraus machst.“

Ich selbst nutze solche Gelegenheiten. Ist man einmal auf eine Wahrheit aufmerksam geworden, dann kann sie auch mit der Zeit in der eigenen Gemeinde umgesetzt werden. Vielleicht müssen noch mehrere derartige Exoten die gleiche Wahrheit predigen, bevor Gemeindegliedern deutlich wird – hier handelt es sich nicht um eine russische, amerikanische oder afrikanische Besonderheit, sondern um eine biblische Wahrheit, die auch in Deutschland umgesetzt werden kann.

Das von uns angesprochene Verkündigungsteam (nach Epheser 4,11) rechnet bewusst auch mit externen Beiträgen. Denn nicht jede Gemeinde wird in ihren Reihen Menschen haben, die das ganze hier angesprochene Gabenspektrum mitbringen. Aber der ganze „Leib Christi“ verfügt über apostolisch, prophetisch, evangelistisch, lehrhaft und seelsorgerlich begabte Leiter.

2.5.3 Gibt es heute noch apostolisch und prophetisch begabte Verkündiger?

Der ungeschützte Gebrauch der apostolischen und prophetischen Begabung in Bezug auf die Verkündigung heute wird einige meiner Leser überraschen. Gibt es denn heute noch diese Begabungen? Oder stellten sie auf die Urgemeinde beschränkte Dienstämter dar? Darf denn in Epheser 4,11 überhaupt eine Modellstruktur gesehen werden, die auch heute noch Bedeutung für die Lokalgemeinde hat? Oder handelt es sich eher um eine zeitlose Darstellung der Universalgemeinde, in der die Apostel und Propheten das Fundament gelegt haben (Eph 2,20) und die Evangelisten, Lehrer und Hirten nun darauf aufbauen? Eine Reihe von Neutestamentlern scheint eine solche Sicht zu vertreten.[43] Petr Pokorny (1992:175) bringt in seiner Erklärung zu Epheser 4,11 diese Sicht auf den Punkt: „Die Apostel und Propheten als direkte und indirekte Urzeugen haben ihre Nachfolger in den Evangelisten, Hirten und Lehrern, die als ‚unterstützende Gelenke' den Leib der Kirche ‚zusammenfügen und zusammenhalten', damit er wachsen kann (4,16), die also die anderen Christen zum Dienst zurüsten." Dabei wird den Evangelisten der missionarische und apostolische, den Pastoren der seelsorgerliche oder auch prophetische Dienst zugesprochen (Lincoln 1990:252). Exegetisch wird die Aufteilung der Liste von Epheser 4,11 in einen grundlegenden und einen fortlaufenden Teil damit begründet, dass Paulus die Apostel und Propheten bereits vorher (Eph 2,20 und 3,5) als Agenten der grundlegenden Offenbarung Gottes aussondert (Lincoln 1990:249) und diese Aufgabe als abgeschlossen ansieht.

---

[43] Gnilka 1971:211; Bruce 1984: 346ff; Lincoln 1990:25ff; Pokorny 1992:175; Schnackenburg 1982:185 u.a.

Ohne nun im Detail die beschriebene Position, die übrigens bis heute umstritten ist (Schnackenburg 1982:183), im Rahmen dieser Arbeit diskutieren zu wollen, ist zunächst darauf hinzuweisen, dass der Text (Eph 4,11) selbst eine solche Unterteilung weder vornimmt noch zwingend macht. Vielmehr spielen andere Faktoren, allem voran eine historisch-kritische Exegese, an dieser Stelle eine Rolle, wie Joachim Gnilka (1971:211) unumwunden zugibt. Gnilka argumentiert gegen die Vorstellung, dass die genannten Ämter fortwirkende Größen darstellen: „Vor allem bleibt gerade hier der deuteropaulinische Charakter unseres Schreibens zu beachten." Der Epheserbrief wird somit nicht nur recht spät datiert, sondern auch auf eine Sicht hin gedeutet, die eine gewisse Entwicklung in der Leitungsstruktur der Gemeinde voraussetzt.[44]

Zum anderen ist deutlich, dass die Deutung der Begriffe Apostel und Prophet (in den meisten Darstellungen wird wenig Bezug auf den Propheten genommen, sondern meist auf den Apostel) in den Auslegungen, die sich gegen die Verwendung dieser Ämter in der Gegenwart der Epheser aussprechen, auf dem Hintergrund von Epheser 2,20 und 3,5 vorgenommen wird. Diesen Ämtern wird eine Fundament legende Bedeutung gegeben, die in der Tat einmalig ist.[45] Die Frage bleibt jedoch, ob das die einzig mögliche Deutung des Apostolats und des neutestamentlichen Propheten ist. Das NT und allem voran Paulus scheint eine mehrschichtige Vorstellung vom Dienst des Apostels zu haben.[46] Ferdinand Hahn (1998:609) weist mit Recht darauf hin, dass Paulus offen-

---

[44] Siehe hierzu besonders die Ausführungen Schnackenburgs (1982:185).

[45] Ein deutliches Beispiel hierfür bietet John Stott (2001:116–119). Er legt sich auf eine ganz bestimmte Sicht des Dienstes der Apostel und Propheten fest, ohne jedoch seine Sicht zu begründen. Bei ihm sind die Apostel und Propheten Urträger der Offenbarung Gottes und damit auch einmalig in ihrer Sendung.

[46] Siehe hierzu die hervorragende Einführung in das neutestamentliche Apostolat von J. Roloff 1978:430ff.

sichtlich zwischen den *apostoloi ekklesioon* (den Gemeindeaposteln), die nur einen begrenzten Auftrag der Gemeinde hatten (2Kor 8,23), und den *apostoloi Jesou Christou* (den Aposteln Jesu Christi), zu denen er sich auch selbst zählt, unterscheidet. Nach der „Apostellehre" (Didache 11,3–6) kannte die frühe Christenheit einen größeren Kreis von Aposteln, die den Propheten gleichgestellt waren (siehe Hahn 1998:638; Roloff 1978:430). Zu diesem Kreis gehörten auch Andronikus und Junia (Röm 16,7).

Die Vorstellung, dass in Epheser 4,11 *Apostel Jesu Christi* gemeint sein müssen, ist also nicht zwingend. Gerade die Parallelität des Textes Epheser 4,11 zu 1. Korinther 12,28 macht eher wahrscheinlich, dass es sich um *Gemeindeapostel* handelt, deren Aufgabe zwar im Sinne, jedoch nicht in der grundlegenden Vollmacht der Apostel Jesu Christi wahrgenommen wurde (siehe hierzu Lange 1875:62–63).

Es ist richtig: Das *Amt des Apostels Jesu Christi* im Sinne des neutestamentlichen Gebrauchs ist wohl auf das apostolische Zeitalter begrenzt. Da ist John Stott (2001:117–118) und allen anderen Proponenten einer entsprechenden Sicht nachdrücklich zuzustimmen. Jeder Versuch, das *neutestamentliche Amt eines Apostels Jesu Christi* wieder einzuführen, muss notwendigerweise in einer Irrlehre enden. Das heißt aber nicht, dass die apostolischen Aufgaben und Dienste durch andere Verantwortungsträger nicht mehr wahrgenommen wurden (F.F. Bruce 1984:347). Auch wenn man sich gegen die Verwendung der Dienstbezeichnung „Apostel" und „Prophet" entscheidet, wird ein apostolischer und prophetischer Dienst als für den Aufbau des „Leibes Christi" auch weiterhin als wesentlich angenommen werden dürfen.

Aus diesen und ähnlichen Überlegungen habe ich mich dafür entschieden, Epheser 4,11 als Modell für einen fünffältigen Verkündigungsdienst zu übernehmen. Um allen Missverständnissen vorzubeugen, gebrauche ich die Begriffe „Apostel" und „Prophet“ nicht als Amtsbegriffe, sondern verwende „apostolisch“ und „prophetisch“, um die besondere Intention der Verkündigung anzuzeigen.

2.5.4 Zurüstung – Lernen durch Anleiten

Gemeindemitarbeiter werden von einem Team kerygmatischer Leiter auf ihren Dienst vorbereitet. Wie aber haben diese in der Urgemeinde Mitarbeiter zugerüstet? Der in Epheser 4,11–12 verwendete Ausdruck *katartismós* wird nur an dieser Stelle im NT verwendet und ist ein äußerst interessanter Ausdruck. Im klassischen Griechisch wird dieser Begriff gebraucht, um das Zuwasserlassen eines Schiffes oder die Einrenkung von Gliedern wiederzugeben.[47] Hier ist also eine Handlung gemeint, die das Ziel verfolgt, das Objekt der Handlung entsprechend des vorgegebenen Zieles in Bewegung zu setzen, eben „zuzurüsten“.

Wer also Christen „zurüstet“, der gliedert sie in den „Leib Christi“ ein, macht sie für den Dienst tauglich.

Fazit: Kerygmatische Leitung setzt ein Verkündigungsteam voraus, das sich um die unterschiedlichen Belange und auf unterschiedlichen geistlichen Ebenen um die Mitchristen kümmert. Ein solches Team kennt sowohl externe als auch interne Mitarbeiter-Verkündiger.

[47] Ebd.

2.6 Zum Ort der Verkündigung

Wo findet eine solche anleitende Verkündigung statt? Gibt es einen besonderen Ort der Verkündigung? Ist es der sonntägliche Gottesdienst? Müssen eventuell andere Räume für eine effektive Verkündigung erschlossen werden? Oder ist es eher gleichgültig, wo verkündigt wird, solange Verkündigung selbst stattfindet?

Manfred Seitz meint, ein solcher Ort sei für den Aufbruch in eine missionarisch-seelsorgliche Verkündigung der Kirche unabdingbar: „Der Aufbruch setzt einen Ort, ein Wohnen voraus, von dem man aufbrechen kann“ (1985:20). Die Notwendigkeit einer vielfältigen Verkündigung, die sich sowohl aus der Situation des Hörers, als auch der zu vermittelnden Botschaft ergibt, lässt ahnen, dass der übliche Ort der Predigt – der sonntägliche Gottesdienst – nicht der einzige in Betracht kommende Ort sein kann. Freilich kann man – wie Manfred Seitz (1978:12) oder Helmut Schreiner (1949:98) schon vor ihm – durchaus versuchen, Verkündigung und Predigt voneinander zu trennen. Danach sei die Verkündigung ein vielschichtiger Dienst der Kirche, die Predigt hingegen habe ihren besonderen Platz im Gottesdienst der Gemeinde. Verkündigung wäre danach eine Art Oberbegriff, Predigt eine Spezialität der Verkündigung. Doch mit welchem Recht? Die Heilige Schrift gibt uns keine genaue Anleitung, wie eine biblische Verkündigung innerhalb des sonntäglichen Gottesdienstes auszusehen habe. Der im Neuen Testament beschriebene Gottesdienst kennt vielmehr eine Fülle von unterschiedlichen Wegen der Verkündigung (1Kor 14,26).

Ähnliches fördert ein Studium der im Neuen Testament gebrauchten Begriffe der Wortvermittlung zutage: kerygma, keryssein, angellein, euangelizein, euangelizesthai, didaskein, homologein, martyrein, matheteuein, didonai, parakalein u.Ä. All diesen Vokabeln haftet eine Vielfalt der Verkündigung an. Sie in ihrer

Mehrzahl mit „predigen“ zu übersetzen, wie es Martin Luther in seiner Bibelübersetzung getan hat,[48] mag zwar legitim erscheinen, daraus aber einen wesentlichen Unterschied zwischen Predigt und Verkündigung abzuleiten, wäre falsch (Uhsadel 1963:28). Henkys (1990:31) bemerkt: „Die theologische Vertiefung des kirchlichen Sprachgebrauchs bei ‚Predigt‘ und ‚predigen‘ durch Luther hat ihren Preis, nämlich eine Verdoppelung – oder anders betrachtet eine Aufspaltung – des Predigtbegriffs.“

Eine solche Aufspaltung ist m.E. falsch und führt unter anderem dazu, dass Verkündigung, sprich Predigt, als Kategorie der Leitung nur selten – wenn überhaupt – theologisch reflektiert wird. Begreift man aber „Predigt“ umfassend (wie es das NT tut), dann soll und wird geistliche Führung durch die Verkündigung möglich. Das beste Beispiel hierfür bietet uns das NT selbst. Ausdrücklich wird über die ersten Christen in Jerusalem gesagt, dass sie sich in den Häusern trafen, um in der Lehre der Apostel zu bleiben (Apg 2,42ff). Der Ort biblischer Unterweisung und Zurüstung war also eher das private Haus und damit die Hauskirche, als die sonntägliche Versammlung der Gesamtgemeinde.

Fazit: Kerygmatische Leitung beschränkt sich nicht auf den sonntäglichen Gottesdienst allein und die dort gehaltene Predigt. Sie setzt vielmehr eine Fülle von Verkündigungsgeschehen in der Gemeinde voraus.

[48] Siehe zum lutherischen Sprachgebrauch Uhsadel 1963:27ff; Henkys 1990:30-31.

3. Zur Praxis kerygmatischer Leitung

3.1 Das richtige Verkündigungsmenü

Kerygmatische Leitung kann und soll in Evangelisation, Seelsorge und Lehre verwirklicht werden. „Keine Predigt kann alles sagen. Jeder Verkündiger wird sich beschneiden müssen" (Sorg 1984:31). Wie kann Verkündigung ganz praktisch zugeschnitten, angeleitet, kanalisiert werden? Oder um es mit Stuart Briscoe (Hybels/Briscoe/Robinson 2000:43f) auszudrücken: Wie kann ein richtiges „Predigt-Menü" zusammengestellt werden? Briscoe bringt es auf den Punkt: „In meiner Gemeinde sitzen jeden Sonntag Menschen mit den unterschiedlichsten Nöten und Erwartungen, unterschiedlicher Reife und Einstellung nebeneinander. Und ich soll ihnen ein Predigtmenü anbieten, das jedem dieser Menschen schmeckt und bekommt. Das heißt, dass ich ‚biblischer Ernährungswissenschaftler' sein muss" (ebd:43).

Der Prediger als „biblischer Ernährungswissenschaftler" wird jedoch bald einsehen müssen, dass ihn die Aufgabe überfordert, wollte er sie im vollen Sinne des Wortes biblisch meistern. Ich kann mich noch sehr gut an den Schock erinnern, den mir die Worte mehrerer Gemeindeglieder versetzten. Gerade ein Jahr im Dienst, ging ich durch die Wehen des ersten pastoralen Schocks. Das meiste, was man mir in der Ausbildung beigebracht hatte, schien zu der konkreten Gemeindesituation, nicht zu passen; ich war frustriert. Meine Verkündigung, so kam es mir vor, traf meist ins Leere. Nur selten hatte ich den Eindruck, von der Gemeinde wirklich verstanden zu werden. Die besagte Predigt schien mir gut gelungen, jedenfalls empfand ich es subjektiv so. Doch gleich nach dem Gottesdienst teilten mir einige unverblümt mit, dass meine Art zu predigen ihnen nichts bringen würde. „Es tut mir leid, dir das sagen zu müssen, aber es ist besser, du erfährst es von mir selbst – deine Predigt sagt mir nichts!“ Das tat weh! Ich hatte mein Bestes gegeben, und das war nun das Resultat! Ich war drauf und dran, alles hinzuwerfen. Mein Besuch bei einem alten Pastor versetzte mir zunächst einen weiteren Schlag. Er begann kräftig zu lachen!

„Ich lache nicht über dich, Johannes“, beruhigte er mich, „ich lache, weil du meine Geschichte erzählst. Ganz genau so ist es mir ergangen! Und sicher den meisten Predigern, wenigstens denen, die ich kenne.“

„Und wie hast du die Situation gemeistert?“

„Recht einfach. Ich habe genau das getan, was du jetzt tust; ich habe einen erfahrenen Pastor aufgesucht. Er sagte nur: Das Ende einer Illusion ist der Anfang vom Sieg. Und dann machte er mir klar, was ich längst gewusst hatte – niemals würde ich, ja niemals könnte ich für alle Menschen gleich gut und kraftvoll predigen. Was ich brauchte, wäre ein Verkündigungsteam. Das habe ich dann auch getan – mich auf meine Berufung konzentriert und alles übrige Gott und den anderen überlassen.“

Resultat: Auch der begabteste Verkündiger ist nur einer von vielen, die nötig sind, um die Gemeinde in ihrer ganzen Vielfalt „ernähren“ zu können. Gefragt ist ein Verkündigungsteam.

3.2 Leiten durch apostolische Verkündigung

3.2.1 Der apostolisch begabte Verkündiger als Missionspädagoge und Missionsleiter

Das Verkündigungsteam in der lokalen Gemeinde, wie es der Apostel Paulus in Epheser 4,11 zusammenstellt, führt den Apostel und seinen Dienst an erster Stelle auf. Warum wohl? Welche

Aufgabe hatte Paulus dem Apostel zugedacht? Wie ist seine Rolle als kerygmatischer Leiter zu verstehen? Fragen, auf die man in den vorliegenden Werken zur Verkündigung kaum eine Antwort findet. Zur apostolischen Verkündigung schweigen die meisten homiletischen Entwürfe. Das mag vor allem daran liegen, dass man den apostolischen Dienst vor allem als eine historisch begrenzte Erscheinung im Institut des Zwölferkreises Jesu oder eingegrenzt in einem etwas erweiterten Kreis der Apostel Jesu Christi gesehen hat. Eine Sicht, die sich vom Neuen Testament her nicht rechtfertigen lässt.[49] Vielmehr kennt das NT eine Reihe von Namen, die ebenfalls Apostel heißen: Matthias (Apg 1,26, der für Judas „Nachgewählte"), Jakobus (der leibliche Bruder Jesu, Gal 1,19); Barnabas (Apg 14,3.4.14), Apollos (1Kor 4,6-9), Timotheus (Apg 19,22), Silas/Silvanus (Apg 15,22), Tychikus (2Tim 4,12), Judas (Apg 15,22; 1Thess 2,6), Andronikus (Röm 16,7) und sogar Junia, eine Frau (Röm 16,7). Insgesamt sind es 32 Namen, die *expressis verbis* Apostel genannt werden (Cannistraci 2001:67). Zur Diskussion des Namens Junia und damit zur Frage, ob Frauen „Apostel" gewesen sind, siehe Cannistraci 2001:100ff. Auch da, wo man sich den Dienst eines Apostels grundsätzlich für heute vorstellen kann, hat man mit der Bezeichnung als solcher enorme Schwierigkeiten. Wayne Grudem (1994:911; dt. Übersetzung in Cannistraci 2001:90) schreibt mit Recht: „Wenn irgendjemand in unserer Zeit den Titel Apostel für sich beansprucht, zieht er im selben Moment den Verdacht auf sich, von unangemessenem Stolz und dem Wunsch nach eigener Anerkennung getrieben zu sein ..."

[49] Wie umstritten heute eine solche Sicht ist, zeigt J. Roloff (1978:430ff) deutlich. Man kann wenigstens zwei, wenn nicht mehrere Apostolatsbegriffe im NT deutlich voneinander unterscheiden, wie oben dargestellt (siehe Hahn 1998:635ff).

Menschen mit einer apostolischen Begabung haben es halt nicht einfach, ihren Dienst in der Gemeinde zu legitimieren. Das war in der Kirchengeschichte nicht immer so. So pflegen die orthodoxen Kirchen bis heute ihre herausragenden Missionare „apostelgleich“ oder auch einfach „Apostel“ zu nennen.[50] Freilich verbinden sie damit kein Amt, sondern eine Begabung und einen Dienst. Das gleiche kann von einigen römisch-katholischen Ordensbewegungen gesagt werden, oder auch von den frühen Täufern. Diese wurden häufig „Apostel“ genannt. Hans Hut, der berühmte süddeutsche Täufer, ist hierfür nur ein herausragendes Beispiel (Schäufele 1966:129; u.a.).

Die häufig gebrauchte Behauptung, die Verwendung der Bezeichnung „apostolisch“ lasse sich in der Geschichte der Kirche nicht nachweisen, ist so nicht richtig. Richtig ist aber, dass dieser Begriff nirgendwo (außerhalb der Sekten) für ein Kirchenamt gebraucht worden ist.

Desto mehr verwundert die zaghafte Beschäftigung der Theologen mit dem Thema eines apostolischen Dienstes, hier besonders auf Verkündigung hin eingegrenzt. Eine der wenigen Ausnahmen, die den apostolischen Verkündigungsdienst behandeln, bildet das Werk des englischen Bibelwissenschaftlers Dodd, *The Apostolic Preaching and its Development* (1956). Seine Erkenntnisse fanden in der Homiletik kaum Niederschlag, ebenso wenig wie die systematisch-theologischen Untersuchungen zum apostolischen Dienst.[51]

Wofür steht apostolische Begabung im Neuen Testament?

Im Sprachgebrauch des Neuen Testaments bezeichnet der Begriff *apóstolos* einen „bevollmächtigten Gesandten“, dessen wichtigste

---

[50] Siehe hierzu Reimer 1994, Babij 2000, u.a.

[51] Siehe unter anderem Lohse 1953 und Schmithals 1961.

Aufgabe die Ausbreitung der Botschaft vom Reich Gottes ist, der Bau der Gemeinde Jesu auf Erden. Apostel sind nicht Gemeindebeamte, sondern haben ihr Amt von Christus erhalten, und zwar zum Bau der weltweiten Gemeinde (TWNT, I:421f; Rengstorf 1933:397). „Der klassische Vertreter des Apostolats im Neuen Testaments ist Paulus“ (TWNT, I:438). Aus dem Leben und Dienst dieses Apostels, der von sich selbst behauptete, mehr als alle anderen gearbeitet zu haben (1Kor 15,10), lassen sich Konturen apostolischer Verkündigung und apostolischer Leitungsverantwortung erheben. Danach erscheint der Apostel als einer, der die Gemeinde „pflanzt“ (1Kor 2,6), sie geistlich „befestigt“ (Röm 1,11) und diese dann zur Übernahme missionarischer Verantwortung erzieht. Er ist vor allem anderen ein Gemeindegründer, Missionar und Missionsstratege.[52]

Begreift man den apostolischen Dienst vor allem als den eines Missionsstrategen, der sowohl Motivation zur Mission als auch deren Verwirklichung im Blick hat, so wird sich seine Verkündigung mit der Mission der Kirche und deren Verwirklichung beschäftigen müssen. Die Aufgabe des apostolisch begabten Leiters und Verkündigers ist somit eine missionsstrategische und missionspädagogische. Er rüstet Christen zu, ihren von Gott gegebenen Auftrag missionarisch umzusetzen.

[52] Rengstorf (1933:422) bezeichnete den Kreis der neutestamentlichen Apostel, außerhalb des Zwölferkreises, als „Urchristliche Missionare“. Es liegt zwar auf der Hand, den griechischen Begriff *apostolos* mit dem lateinischen Missionar wiederzugeben. Eine Gleichsetzung des Dienstes des Apostels mit dem heutigen Berufsbild des Missionars scheint mir jedoch zu kurz zu greifen. Der Missionar heute steht für eine Fülle von Beauftragungen durch die Kirche.

3.2.2 Missionshomiletik – der vergessene Auftrag

Das 1889 erschienene missionshomiletische Werk von Johannes Hesse (hier zitiert nach der Überarbeitung aus dem Jahre 1930) scheint immer noch das einzige Werk zum Thema zu sein, das je in deutscher Sprache erschienen ist. Hesse (1930:20) begriff die Aufgabe der Predigt in Bezug auf die Mission wie folgt: „Die Mission wird vorwiegend immer noch als etwas besonderes, als eine persönliche Liebhaberei behandelt, als wäre sie nur eine Art Anhängsel an das Evangelium. Von dieser isolierten Stellung und Behandlung muß sie befreit und als ein unabtrennbarer Bestandteil der ganzen Heilsveranstaltung, als ein Grundgedanke des Evangeliums erkannt und die Beteiligung an ihr als allgemeine Christenpflicht aufgefasst werden. Das geeignete Mittel dazu ist die regelmäßige Berücksichtigung der Mission in der Predigt."

Hesse arbeitet in seiner Handreichung nicht nur einen Katalog wichtiger missionstheologischer Fragen aus (:42–76), sondern bietet auch Predigtentwürfe zu diesen Themen. Er sieht den Gemeindepastor und den Missionar, der gastweise eine Gemeinde besucht, für die Gestaltung der missionsbezogenen Predigt in die Pflicht genommen (:22).

Es fällt auf, dass Mission bei Hesse ausschließlich als „äußere Mission" begriffen wird. Eine moderne Missionshomiletik wird sich der ganzen missionarischen Aufgabe der Kirche stellen müssen, zumal die klassische Aufteilung zwischen Innerer und Äußerer Mission als längst überwunden gilt.

3.2.3 Der apostolische Verkündiger als kerygmatischer Leiter

In seinem Werk „Mission on the Way" fordert Charles Van Engen (1996: 233ff) die Einsetzung von Pastoren als missionarische Leiter als Bedingung für eine missionarische Belebung der Gemeinden im nachchristlichen Westen: „Die Person des Leiters spielt eine wichtige Rolle im komplexen Gebilde der Faktoren, die eine lokale Gruppe von Christen zur Beteiligung an Gottes Mission in der Welt bewegen.“ Van Engen bezieht seine Forderung ausdrücklich auf Epheser 4,11, ohne allerdings im missionarischen Pastor eine apostolische Beauftragung und Sendung zu vermuten. Vielmehr versucht er, die gesamte Breite der im Text genannten Gaben für den Pastor einer Lokalgemeinde zu reklamieren. Doch das wäre eine Aufgabe, die eher als illusorisch bezeichnet werden müsste.[53] Dagegen ist der apostolisch begabte Verkündiger in der Lage, die Gemeinde für die Weltmission und zur Gemeindegründung in anderen Regionen und Kulturen zu bewegen.[54]

3.2.4 Apostolische Begabung – Herausforderung und Gefahr

Es bedarf keiner besonderen Einsicht, um die Bedeutung zu erkennen, die die Heilige Schrift auf den apostolischen Dienst legt. Apostolische Verkündigung ist das Herzstück evangeliumsgemäßer Verkündigung. Kein Wunder, dass ausgerechnet hier auch die größte Versuchlichkeit liegt, wie z. B. Machtmissbrauch. Schon das Neue Testament spricht von *hyperlian apostoloi*, den Super-

---

[53] Bezeichnenderweise versucht Van Engen nicht theologisch, sondern pragmatisch am Beispiel eines persönlichen pastoralen Beispiels seine Forderung zu untermauern, sehr zum Nachteil der richtig aufgestellten Forderung. Studiert man jedoch die Geschichte des beschriebenen Pastors Don Daniel (Van Engen 1996: 233ff), kann man sich des Eindrucks nicht erwehren, dass hier apostolische Beispiele Pate gestanden haben. Im Gegensatz dazu verzichtet Cannistraci (2001:107ff) auf Beispiele von Aposteln heute, um die Sache selbst nicht ins Zwielicht zu bringen. Beide fordern den apostolischen Dienst, Cannistracis Vorgangsweise ist jedoch überzeugender.

[54] Dass diese Aufgabe einem Evangelisten obliegt, wie das von Mauerhofer (1998:115) vorgeschlagen wurde, ist eher anzuzweifeln. Siehe meine Ausführungen zum Evangelisten in diesem Buch.

und Pseudo-Aposteln (2Kor 11,5.13). Diese erweisen sich als Wölfe im Schafspelz, als Irrlehrer und Verführer.

Es ist deshalb von großer Wichtigkeit darauf hinzuweisen, dass apostolische Verkündigung kein Interesse daran haben kann, ein Amt einzuführen, das sich über alle anderen Dienste und Autoritäten der Kirche erhebt. Eine Entwicklung, wie sie beispielsweise in der Neuapostolischen Kirche zu beobachten ist (Obst 1996:9ff), darf es in der Gemeinde Jesu nicht geben. Überall da, wo das urchristliche Apostelamt wiederbelebt werden sollte, gab es in der Kirchengeschichte immer wieder Sektenbildungen. Helmut Obst (2000) hat dies an Hand der Gründer christlicher Religionsgemeinschaften des 19. und 20. Jahrhunderts deutlich aufgezeigt. Es ist daher immer genau zu fragen, was sich hinter Bewegungen verbirgt, die sich gerne mit dem Prädikat „apostolisch“ schmücken.

Doch bei aller Vorsicht sollte das Kind nicht mit dem Bade ausgeschüttet werden. Die apostolische Verkündigung ist ein wichtiger Bestandteil der Erziehung der Gemeinde zu dem Dienst, der ihr anvertraut ist.

3.2.5 Was tun apostolisch begabte Leiter?

Wie leitet der apostolisch begabte Verkündiger seine Hörer? Wie hilft er ihnen, ihr missionarisches Potential zu entdecken und strategisch einzusetzen? Wie wird der Gehorsam dem Missionsauftrag Jesu gegenüber vermittelt? Um auf diese Fragen eine Antwort zu finden, sollte man sich die Apostel des Neuen Testaments ansehen, allen voran das Werk des Apostels Paulus. Wie kein anderer fasst er den apostolischen Dienst in 1. Korinther 3,5–9 treffend zusammen:

„Was ist denn Apollos? Und was ist Paulus? Diener, durch die ihr gläubig geworden seid, und zwar wie es der Herr einem jeden gegeben hat. Ich habe gepflanzt, Apollos hat begossen. Gott aber hat das Wachstum gegeben. So ist weder der pflanzt noch der begießt etwas, sondern Gott, der das Wachstum gibt. Der aber pflanzt und der begießt sind einer wie der andere; jeder aber wird seinen Lohn empfangen nach seiner Arbeit. Denn Gottes Mitarbeiter sind wir; Gottes Ackerfeld, Gottes Bau seid ihr."

Was tun Apostel? Paulus fasst ihren Dienst in zwei Bildern zusammen: sie „pflanzen" und sie „begießen" den Glauben. Durch sie kommen Menschen zum Glauben und werden Menschen im Glauben befestigt. David Cannistraci (2001:111), der sich wie kein anderer mit dem Dienst des Apostels beschäftigt hat, sieht in diesen beiden Bildern die wichtigsten Eckdaten des apostolischen Dienstes:

„Obwohl die Bibel viele Persönlichkeiten beschreibt, die Apostel waren, existiert doch eine beeindruckende Übereinstimmung in dem, was sie taten. Ihre grundlegenden Funktionen waren immer dieselben: Apostel sind erfahrene und erfolgreiche „Ernte-Einbringer". Ihr Leben ist von der Leidenschaft erfüllt, etwas Neues zu pflanzen und zu begießen, damit Wachstum möglich wird."

Paulus nennt sich und Apollos in 1. Korinther 3,6–7 einen *psyteuon,* einen Pflanzer, und *potizon*, einen Begießer. Beides, das Pflanzen und das Begießen, ist für das Wachstum des Glaubens von entscheidender Bedeutung. Und beide Tätigkeiten haben eine breite biblische Tradition.[55]

Worum geht es aber konkret beim Pflanzen und Begießen des Glaubens? Mit Recht hat man sowohl beim Pflanzen als auch

---

[55] Zum Pflanzen siehe im AT: 2Mo 15:17; 2Sam 7,10; Ps 1,3; 80,16; 92,14; Jer 2,21; 11,17: 42,10 u.a. und im NT: Mt 15,13; 21,33; Röm 6,5; Jak 1,21 u.a. Zum Begießen siehe z. B. Jes 44,3.

beim Begießen Dienste vermutet, die mit der Lehre zu tun haben, die dem Gemeindebau dienen soll.[56] Heinz-Dietrich Wendland (1976:33) kommentiert die oben zitierte Stelle mit den Worten: „Der Unterschied zwischen dem Pflanzen und Begießen ist der zwischen der Gründung der Gemeinde durch Paulus und der Fortführung seines Werkes durch Apollos."

Im Leben und Dienst des Apostels Paulus lassen sich beide Aspekte sehr genau nachvollziehen. Unermüdlich reiste er durch das Römische Reich, predigte und gründete („pflanzte") Gemeinden. Dann blieb er aber auch längere Zeitabschnitte an einem Ort, lehrte, pflegte („begoss") die junge Pflanze der Gemeinde, so z. B. in Antiochia (Apg 11,26), Korinth (Apg 18,11); Ephesus (Apg 19,9; 20,31). Sobald er den Eindruck hatte, die von ihm gegründete Gemeinde könne auf eigenen Füßen stehen, setzte er eine lokale Leiterschaft ein und zog weiter.[57]

Der Apostel ist beauftragt, das Evangelium zu verkündigen mit dem Ziel der Gemeindegründung und das Evangelium zu lehren mit dem Ziel der Gemeindefestigung.

Folgende Thesen lassen sein Vorgehen erkennen:

- **Er vermittelt seine Botschaft in Worten, die ihm vom Heiligen Geist geschenkt werden.** An die Korinther schreibt Paulus: „Und ich war bei euch in Schwachheit und in Furcht und mit großem Zittern; und mein Wort und meine Predigt geschahen nicht mit überredenden Worten menschlicher Weisheit, sondern in Erweisung des Geistes und der Kraft, damit euer

---

[56] So z. B. Adolf Schlatter, *Paulus der Bote Jesu. Eine Deutung seiner Briefe an die Korinther*, Stuttgart 1985, S. 129-130; Heinz-Dietrich Wendland, *Die Briefe an die Korinther*, Göttingen 1976, S. 33.

[57] Zu dieser Strategie des Paulus siehe das hervorragende Werk von F.F. Bruce, *Paul: Apostel of The Heart Set Free*, Grand Rapids 1977, S. 315ff.

Glaube nicht stehe auf Menschenweisheit, sondern auf Gottes Kraft“ (1Kor 2,3–4). Ganz ähnlich klingen die Worte an die Thessalonicher: „Denn unsere Predigt des Evangeliums kam zu euch nicht allen im Wort, sondern auch in der Kraft und in dem Heiligen Geist und in großer Gewissheit “ (1Thess 1,5).

- **Er wird sich klar darüber, wer seine Hörer sind.** Wie stark Paulus auf seine Hörer einzugehen vermochte, beleuchten seine Briefe. Er wusste schon viel von den römischen Christen (Röm 1,8ff), bevor er ihnen schrieb und sie besuchte; er setzte sich intensiv mit der Lage der korinthischen Gemeinde auseinander (1Kor 1,4–17; 3,1–4; 5,1ff; 6,1ff; u.a.), bevor er seine mahnenden Worte an sie richtete. Ähnliches kann von allen Gemeinden des Paulus gesagt werden. Und auch seine persönlich adressierten Briefe an Timotheus, Titus und Philemon zeigen tiefe Einsichten in die persönliche Lage seiner Adressaten. Paulus pflanzt nicht, ohne vorher den Boden untersucht zu haben. Und wo er es doch einmal anders versucht, erfuhr er, dass der Heilige Geist ihn an der Verkündigung des Evangeliums hinderte (Apg 16,6–7).

- **Er geht in die Welt seiner Hörer ein.** Paulus hat keines seiner Worte „vom grünen Tisch aus“ formuliert. Er kannte das Leben seiner Hörer, weil er mitten unter ihnen lebte. An die Thessalonicher schreibt er: „So hatten wir Herzenslust an euch und waren bereit, euch nicht allein am Evangelium Gottes teilzugeben, sondern auch an unserem Leben; denn wir hatten euch lieb gewonnen. Ihr erinnert euch doch, liebe Brüder, an unsere Arbeit und unsre Mühe; Tag und Nacht arbeiteten wir, um niemand unter euch zu Last zu fallen, und predigten unter euch das Evangelium Gottes. Ihr und Gott seid Zeugen, wie heilig und gerecht und untadelig wir bei euch, den Gläubigen, gewesen sind“ (1Thess 2,8–10). Paulus kommt es also nicht nur darauf an, seine Hörer zu kennen, sondern auch seine Zuhörer sollen ihn kennen lernen. Er belehrt nicht nur Hörer, sondern Zeugen seines eigenen Lebens. Sie sollen an ihm, nicht nur von ihm lernen (1Kor 4,6). Und damit sie ihn wirklich verstehen, hat er die Freiheit, sich in ihre Kultur hineinzubegeben, zu akkulturieren (1Kor 9).

- **Seine apostolische Verkündigung ist verständlich formuliert.** Der apostolisch begabte Verkündiger will den Hörern „seine geistliche Gabe mitteilen, um sie zu stärken", wie Paulus es in Römer 1,11 selbst einmal formulierte. Es geht nicht um eine allgemeine Verkündigung, sondern um eine gabenbezogene Verkündigung, die das Pflanzen und Begießen der Gemeinde im Blick hat. Paulus ist an der Begegnung mit den Christen in Rom und an ihrer Belehrung auch deshalb interessiert, weil er weitergehende Pläne hegt. In Römer 15,22ff berichtet er von seinen Plänen, auch in Spanien das Evangelium zu verkündigen. Seine Aufgabe im Osten sieht er als erledigt an. Das nächste Ziel heißt Spanien. Hierfür braucht er eine Gemeinde, die ihn dorthin „geleiten kann" (15,24). Diese Gemeinde glaubt Paulus in Rom zu haben. Sie soll auf ihre strategische Rolle für die Mission in Spanien vorbereitet werden. Deshalb sein Brief an die Römer, deshalb sein Wunsch, auch in Rom das Evangelium zu verkündigen.

- **Er ruft zum Glauben auf und begleitet auf dem Weg des Wachstums im Glauben.** Mission hat immer mit Glauben zu tun. Den Glauben gibt es dank missionarischer Verkündigung, und die missionarische Verkündigung gibt es dank des Glaubens. Diesen apostolischen Glauben in seinen Hörern zu wecken, ist die Aufgabe des Apostels. Damit ist das Herzstück des Evangeliums beschrieben. Geht es doch im Evangelium darum, dass alle Menschen gerettet werden und zur Erkenntnis der Wahrheit kommen (1Tim 2,4).

3.2.6 Die Aufgabe apostolischer Erziehung

Die Aufgabe der apostolischen Erziehung der Gemeinde besteht darin, sie zur geistlichen Reife zu führen, die den Sinn des eigenen Christseins darin erblickt, Gottes Reich in aller Welt zu fördern, christliche Gemeinden zu bauen und sie wiederum so zu erziehen, dass sie wieder andere Gemeinden gründen. Nur zu leicht vergessen Christen, dem Missionsauftrag Gehorsam zu leisten. Nur zu leicht gelingt es dem Feind, die Gemeinden in einer frommen Selbstgenügsamkeit gefangen zu halten. Es fällt nicht schwer, an Beispiele guter evangelikaler Gemeinden zu denken, die sowohl in der Lehre als auch im Lebenswandel vorbildhaft leben, missionarisch jedoch ziemlich erfolglos sind. Eine dieser Gemeinden ist die Evangeliums-Christengemeinde in XY. „Es ist zum Verzweifeln“, klagte der Gemeindeleiter, „wir lieben Gott, lesen die Bibel, versuchen danach zu leben, aber missionarisch ist bei uns nichts los. Warum nur?“

Ja, warum? Viele Christen wissen zwar, wie unser Leben als Christ auszusehen hat, aber von der *missio Dei,* der Mission Gottes haben sie nur wenig Ahnung. Hier mangelt es offenbar an apostolischer Verkündigung.

Leiter mit apostolischer Verkündigung sind Menschen, die eine Gemeinde missionarisch prägen. Wo es an einer solchen Verkündigung fehlt, hat die Gemeinde bald ihr Ziel verfehlt. Sie wird alles andere, nur nicht missionarisch sein. Kerygmatische Leitung in apostolischer Verkündigung ist daher für die Gemeinde lebensnotwendig.

3.2.7 Wo befinden sich die Hörer?

Wer die Gemeinde apostolisch erziehen will, der sollte sich zunächst mit ihrem Ist-Zustand beschäftigen. Kenneth Gangel

(1981:39) schlägt vor, sechs Basis-Fragen bei der Analyse des Zustands der Gemeinde zu stellen:

- Weiß der Hörer von der offenbarten Wahrheit?
- Versteht der Hörer die Wahrheit des Evangeliums?
- Praktiziert der Hörer diese Wahrheit?
- Ist der Hörer fähig, die Wahrheit auf sein eigenes Leben zu beziehen?
- Ist der Hörer fähig, die Wahrheit differenziert im Leben anzuwenden?
- Bezieht der Hörer diese Wahrheit auch auf andere?

Der apostolisch begabte Leiter stellt sich die Frage: Wo muss ich meine Zuhörer auf dem Weg der Erkenntnis abholen? Dabei meint Erkenntnis in diesem Zusammenhang weniger das bloße Wissen um die Wahrheit. Es geht vielmehr um eine Erkenntnis, die *per definitionem* angewandtes Wissen im praktischen Lebensvollzug ist.

Folgende Fragen ermöglichen eine Bestandsaufnahme apostolischer Erkenntnis in der Gemeinde:

- Versteht der Hörer den Zusammenhang zwischen christlicher Existenz und missionarischem Auftrag?
- Versteht der Hörer seine eigene geistliche Begabung als Beitrag zum Aufbau des Reiches Gottes? Ist seine geistliche Sozialisation missionarisch durchdrungen?
- Versteht der Hörer seine eigene Berufung? Was hat diese Berufung mit dem missionarischen Auftrag der Gemeinde zu tun?
- Ist der Hörer missionarisch aktiv? Kann er bereits seine Gabe missionarisch einsetzen und wie differenziert tut er das?
- Hat der Hörer seinen persönlichen Platz in der Mission Gottes gefunden und eingenommen? Ist er Mitarbeiter in der Mission Gottes?

Folgende Tabelle zeigt eine mögliche Wachstumskurve an apostolischer Erkenntnis, die als Orientierung für den Aufbau eines Lehrplanes apostolischer Verkündigung in der Gemeinde dienen kann:

GOTT	APOSTEL		CHRIST
Offenbarung	Apostolische Verkündigung	+1	Basiswissen vorhanden
		+2	Vorbild vermittelt
		+3	Eigene Begabung erkannt
		+4	Eigene Berufung erkannt
		+5	Differenzierte Anwendung im eigenen Leben gelernt
	Apostolische Erziehung	+6	Praktischer Einsatz begonnen
		+7	Mitarbeiter in der Mission
ERKENNTNIS			Missionarischer Christ

Ebenen apostolischer Verkündigung

3.2.8 Der Zyklus apostolischer Verkündigung

Aufgrund der von Kenneth Gangel formulierten Fragen kann für die Praxis ein *Zyklus apostolischer Verkündigung* (ZAV) aufgebaut werden. Er basiert auf den aus der Heiligen Schrift erkannten Prinzipien und baut darauf in mehreren Stufen auf.
Im Diagramm dargestellt[58] würde ein solcher ZAV wie folgt aussehen:

58 Siehe das von mir wesentlich veränderte Originaldiagramm von Lois LeBar, Gene Getz und Kenneth Gangel in: Gangel 1981:42.

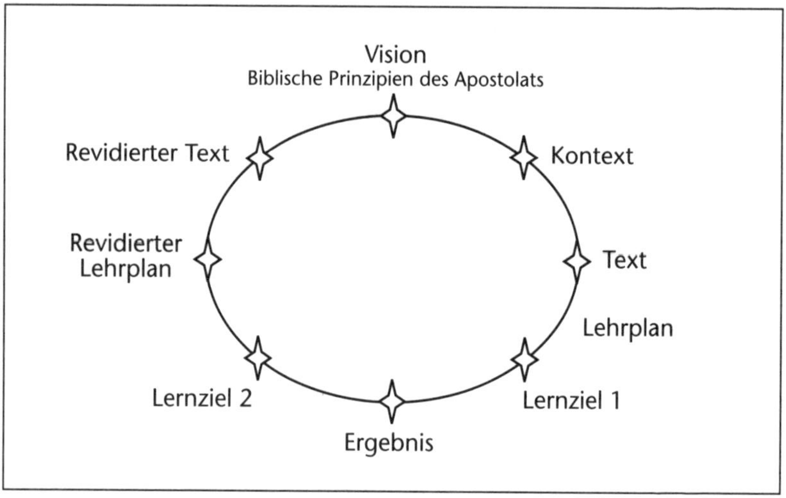

Zyklus apostolischer Verkündigung

Dieser Zyklus schließt folgende sechs wichtige Schritte ein:

1. Vision = Was ist die Botschaft?

Was sind die biblischen Prinzipien, die vom apostolisch begabten Leiter vermittelt werden sollen? Was sagt die Heilige Schrift über die missionarische Dimension und über die missionarische Intention der christlichen Existenz? Was muss jeder Christ vom Missionsauftrag und der missionarischen Verantwortung wissen?

Missionsstrategische Verkündigung kann erst dann erfolgreich vermittelt werden, wenn sich die apostolisch begabten Leiter über die biblische Vision des apostolischen Dienstes der Gemeinde Klarheit verschafft haben. Es ist empfehlenswert, die missionarische Vision der Gemeinde und ihre biblische Begründung schriftlich festzuhalten.

2. Kontext = Wo ist der Empfänger?

Visionen können nur dann effektiv vermittelt werden, wenn man sie kontextualisiert vermittelt, sprich: wenn man sich auf die Stufe begibt, auf der sich der Zuhörer wirklich befindet. Der kerygmatisch-apostolische Leiter der Gemeinde wird sich daher intensiv über den *Ist-Stand* seiner Zuhörer informieren müssen. Dabei geht es um die tatsächliche, alltägliche Lebenswelt der Gemeindeglieder. Wenn sie missionarisch aktiv werden sollen, dann kann das *nur* im Kontext *ihres* Alltags geschehen.

3. Text = Was versteht der Empfänger von der biblischen Wahrheit?

Die oben aufgezeichnete Skala lässt eine stufenweise Einordnung des Erkenntnisstandes der Gemeindeglieder in Sachen Mission zu. Auf jeder der sieben beschriebenen Stufen ist apostolische Lehre und der sie vermittelt gefragt. Es ist daher unumgänglich, für jede dieser Stufen einen Lehrtext zu haben. Mit anderen Worten: Das Lehrbuch zur missionarisch-apostolischen Verkündigung in der Gemeinde müsste sieben Kapitel umfassen, in denen die bereits oben gestellten Fragen eine Antwort finden:

- Versteht der Hörer den Zusammenhang zwischen christlicher Existenz und missionarischem Auftrag?
- Versteht der Hörer seine eigene geistliche Begabung als Beitrag zum Aufbau des Reiches Gottes? Ist seine geistliche Sozialisation missionarisch durchdrungen?
- Versteht der Hörer seine eigene Berufung? Was hat diese Berufung mit dem missionarischen Auftrag der Gemeinde zu tun?
- Ist der Hörer missionarisch aktiv? Kann er bereits seine Gabe missionarisch einsetzen, und wie differenziert tut er das?
- Hat der Hörer seinen persönlichen Platz in der Mission Gottes gefunden und eingenommen? Ist er Mitarbeiter in der Mission Gottes?

4. Lehrplan = Was sage ich wann und wo?

Jetzt kann die Arbeit an einem differenzierten Lehrplan für die Gemeinde beginnen. Als apostolisch begabter Leiter weiß ich, was die Gemeinde über die Dimension und Intention unseres missionarischen Auftrags wissen müsste. Ich habe mir Gedanken über den Erkenntnisstand meiner Gemeinde gemacht und diese in Stufen der apostolischen Erziehung eingeteilt. Ich weiß nun, in welcher Klasse ich was unterrichte. Jetzt muss ich mich nur entscheiden wie, wann und wo ich es tue und wen ich dazu bitte. Dann kann der Unterricht beginnen.

In meiner Gemeinde stehen mir für diesen Unterricht unterschiedliche Freiräume zur Verfügung: die persönliche Begegnung, ein Mentorverhältnis, der Hauskreis, die Bibelstunde, das Seminar, eine Gemeindebibelschule, der Gottesdienst, ein Missionseinsatz und das Lernen auf dem Missionsfeld. Sehr bewährt haben sich auch besondere Schwerpunkt-Gottesdienste, die einem Missionsland oder Gebiet gewidmet sind. Je nach Ort werden auch meine Verkündigungsmittel variieren. In eine Grafik gebracht, könnte der Weg zum apostolischen Erziehungsziel wie folgt aussehen:

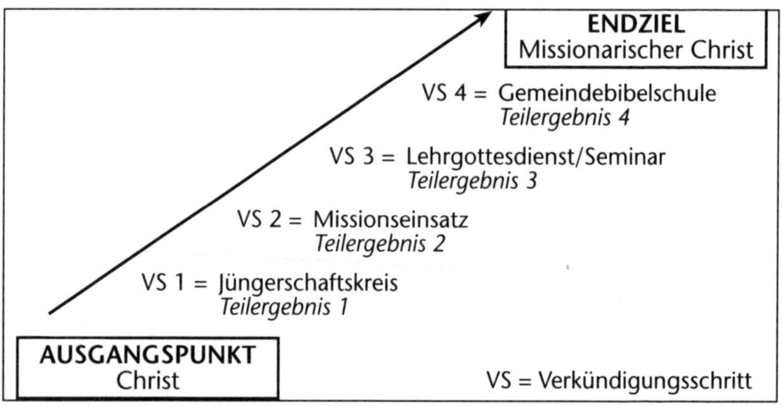

Lehrplan: Apostolische Verkündigung

Wie alle guten Lehrprogramme lebt auch das apostolische Erziehungsprogramm von einer kritischen Überprüfung der Lernergebnisse und einer Neudefinition der Ziele und Lehrpläne. Diese kritische Besinnung sollte nach jedem erreichten Teilergebnis einsetzen.

Fazit: Kerygmatische Leitung ist für die Bereitstellung von Räumen verantwortlich, in denen die Zyklen apostolischer Verkündigung ablaufen können. Sie führt durch das Programm und stellt sicher, dass die ursprüngliche Vision verstanden und eine praktische Umsetzung erfolgt.

3.3 Leiten durch evangelistische Verkündigung

3.3.1 Evangelisation wieder aktuell

Missionarische Verkündigung im Sinne der Evangelisationspredigt ist seit Jahren eine umstrittene Erscheinung.[59] In der neueren Homiletik findet sich eher selten Positives zur Mission. Bemühungen, die evangelistische Predigt in der Volkskirche zu rehabi-

---

[59] Das liegt wohl zum einen an der geschichtlich festgeschriebenen Unklarheit, was denn nun unter evangelistischer Verkündigung zu verstehen sei (Poetsch 1981:7ff), zum anderen aber auch an jener volkskirchlichen Theologie, die der Evangelisation kaum Raum bietet. Siehe hierzu den Überblick zur Geschichte der missionarischen Predigt, in: Husar 1987. Vorbildlich verweist Poetsch (1981:15ff) auf eine Reihe von Missverständnissen, die erst aus dem Weg geräumt werden müssen, bevor die evangelistische Predigt wieder in der Kirche zu Ehren kommen kann.

litieren (so z.B. bei Thimme 1979; Bub 1990), werden noch weitgehend überhört. Seit den 70er Jahren des 20. Jahrhunderts scheint allerdings ein Umdenken einzusetzen. Auch die großen Kirchen entdecken wieder die Evangelisation als unbedingt notwendigen Dienst der Kirche.[60] Es ist zu hoffen, dass sich dieser Trend auswirkt in einer neuen Begeisterung für die evangelistische Predigt.

3.3.2 Nicht jede Predigt bekehrt

Julius Schniewind hatte Recht: „Alle christliche Predigt ist Bekehrungspredigt" (1981:17).[61] Aber es ist genau so wahr, dass nicht jede Predigt zur Bekehrung führt. Theodor Christliebs (1893:IIIf) Forderung, dass jeder Pastor auch zugleich Evangelist sein sollte, entstammt wohl einem frommen Wunsch. Warum kommen Menschen durch die eine Predigt zum Glauben, während die andere sie nicht zur Umkehr bewegt? Liegt es an der Person des Predigers, seiner Begabung, seiner Fähigkeit zu kommunizieren? Oder liegt es eher an der Botschaft selbst?

Die Antwort lautet: Es bedarf des vom Heiligen Geist begabten Evangelisten und einer Verkündigung, die den angesprochenen

---

[60] Siehe hierzu die Dissertation von Friedemann Walldorf, *Die Neu-Evangelisierung Europas* (2002). Walldorf stellt römisch-katholische, protestantisch-ökumenische und evangelikale Konzepte zur Evangelisation (wie sie seit den 70er Jahren des letzten Jahrhunderts entwickelt wurden) einander gegenüber. Die Genese dieser Konzepte weist deutlich auf das wachsende Interesse für Evangelisation in Europa hin. Diese Entwicklung hat sich allerdings noch kaum auf die praktisch-theologischen Konzeptionen ausgewirkt.

[61] Martin Luther spricht von der evangelistischen Predigt als der *viva vox evangelii*, der lebendigen Stimme des Evangeliums, und die „Confessio Helvetica posterior" stellt fest: *predicatio verbi Dei est verbum Dei* (die Predigt des Wortes Gottes ist das Wort Gottes), in: Poetsch 1981:51.

Menschen in seiner jeweiligen Situation ernst nimmt. Philip W. Keevil (1999:140) untersucht die Predigt in Zeiten amerikanischer Erweckungen: „Wenn die Predigt ein Teil der Bewegung des Geistes in den Gemeinden ist, die geistliche Vitalität und geistliche Wirkungen hervorruft, dann kann man Erweckung beobachten." Geist und Predigt, Wunder und Wort gehören zusammen.

3.3.3 Der evangelistisch begabte Verkündiger als kerygmatischer Leiter

Kerygmatische Leitung in evangelistischer Verkündigung ist nach Epheser 4,11 vor allem Aufgabe des Evangelisten. In der Verbform bedeutet *euangelizein* „eine gute Botschaft bringen; eine freudige Nachricht, Gutes verkünden" (W. Bauer, Wörterbuch zum NT, Sp. 643); *euangelizein* kommt mehr als fünfzig Mal im NT vor. Das Substantiv „Evangelist" (*euangelistees)* kommt nur drei Mal im NT vor, und zwar in der Liste der von Gott eingesetzten Gaben (Eph 4,11); ferner wird Philippus (Apg 21,8) als Evangelist bezeichnet, und Timotheus wird von Paulus ermahnt, „das Werk eines Evangelisten zu tun" (2Tim 4,5). Am Beispiel des Philippus und des Timotheus wird deutlich, was die Aufgabe der Evangelisten in der Urkirche war:[62] Philippus predigte vom „Reich Gottes und vom Namen Jesu" (Apg 8,12), und Timotheus war „Gottes Mitarbeiter am Evangelium Christi" (1Thess 3,2). Als Evangelisten hatten sich beide der Verkündigung des Evangeliums an Menschen, die das Evangelium noch nicht verstanden hatten, gewid-

[62] Nach I. Howard Marshall (2000: 251ff) war der Evangelist ein in der Urkirche weit verbreitetes Amt, das sich vornehmlich für die direkte Verkündigung des Evangeliums an die Heiden, aber auch für die Ordnung der Gemeindeverhältnisse im Sinne der Vorbereitung für die Evangelisation einsetzte. Marshall verweist hier ausdrücklich auf den Dienst des Timotheus (2Tim 4,5).

met. Die prägnante Definition der Internationalen Konferenz für reisende Evangelisten in Amsterdam 1983 bringt diese Vorstellung auf den Punkt: „Ein Evangelist ist jemand, der vom Heiligen Geist die besondere Gabe bekommen hat, das Evangelium zu verkündigen" (Graham 1984:12).[63]

In seiner Untersuchung über die Tätigkeit der großen angelsächsischen Evangelisten wie George Whitefield, John Wesley, Charles Grandison Finney, Dwight Lyman Moody oder auch der deutschen Evangelisten Elias Schrenk und Samuel Keller kommt Otto Riecker (2001:107) zu dem Ergebnis, dass es die göttliche Sendung des Evangelisten ist, die im Wesentlichen den Erfolg des Dienstes ausmacht:

„Zwischen wahrem inneren Auftrag und geistlicher Fruchtbarkeit besteht eine tiefe Beziehung. In der starken Auswirkung der Tätigkeit der Evangelisten wie überhaupt eines Predigers darf eine *Legitimation*, eine göttliche Bestätigung ihrer Sendung erblickt werden."

Es ist dabei wichtig anzumerken, dass die Berufung zum Evangelisten sich nicht aus einer allgemeinen pastoralen Berufung ableiten lässt. Allen großen Evangelisten, die Riecker untersucht, ist ein persönlicher Ruf eigen, gegen den sich der Evangelist in der Regel zunächst sperrt. Erst der Schritt in den bewussten Gehorsam bringt dann den „Frieden wie einen Strom" (Riecker 2001:114). Die persönliche Berufung zum Evangelisten geht

---

[63] Das bedeutet nicht, dass hier die Verkündigung als bloße Bekehrungspredigt verstanden werden muss. Die Gute Nachricht ist eine Nachricht vom allumfassenden Schalom Gottes. So gesehen ist auch die Aufgabe des Evangelisten eine ganzheitliche (siehe dazu Pedrito U. Maynard-Reid 1997). Evangelisation zielt immer auf Transformation und umfassendes Heilwerden des Menschen und seiner Lebenswelt. Doch während alles christliche Zeugnis eine evangelistische Dimension aufweist (ÖRK 1963: 25f), ist nicht jedes Zeugnis von seiner Intention her Evangelisation. (Zur Unterscheidung zwischen missionarischer Dimension und missionarischer Intention siehe Gensichen 1971).

Hand in Hand mit einer besonderen Geistbegabung, die vom Evangelisten entweder schon bei seiner Hinwendung zu Gott (Bekehrung) oder auch später im Dienst erfahren wird (ebd: 119ff.132f). Diese Geistbegabung wird dann zur gegebenen Zeit zu einem Instrument für den geistlichen Aufbruch. „Das Wirken des Pneuma ist für das Tun des Predigers das konstitutive Prinzip" (Riecker 2001:163).

3.3.4 Was tut der evangelistisch begabte Leiter?

Wie leitet der Evangelist seine Hörer zum Glauben an? Und wie nutzt er dazu das missionarische Potential der Gemeinde?

Ein Evangelist kennt seine Botschaft. Er weiß von seinem Auftrag durch das besondere „pneumatische Näheverhältnis" zum Willen Gottes. Was er zu sagen hat, wird ihm geschenkt, und was ihm geschenkt wird, trifft den Hörer in seiner Situation.

Aber was wird ihm geschenkt? Was verbirgt sich unter „seinem" evangelistischen Wort? Das Studium der entsprechenden Begriffe im NT lässt mehrere Vorstellungen zu.[64]

Walter Klaiber (1990:34) versucht sich dem neutestamentlichen Begriff vom AT her zu nähern und leitet Evangelisation vom alttestamentlichen Verb *bsr* (pi) ab, wobei er an die Ansage eines frohen Ereignisses und der Heilshilfe Gottes denkt. Das Bild vom Friedensboten,[65] der die Heilsbotschaft den Elenden verkündigt, steht hier Pate. In der Tat liegt der Wortstamm *angelos = Bote* den neutestamentlichen Begriffen *euangelizein*, *euangelizesthai*, *eu-*

---

[64] Siehe hierzu: Bosch 1997, Klaiber 1990 u.a.

[65] Vgl. Jes 61,1; Nah 2,1 und Jes 52,7; siehe hierzu auch Röm 10,15.

angelion zugrunde. Ein *angelos* ist ein Bote, der eine Siegesnachricht, eine gute Nachricht oder eine frohe Botschaft überbringt.

David J. Bosch fasst zusammen:
„Evangelism and evangelization are derived from the Greek verb *euangelizein/euangelizesthai*, the most basic New Testament meaning of which is the proclamation of the inauguration of the reign of God in the person and ministry of Jesus and a call to repentance and faith (Mk 1:15).“[66]

Evangelisation wird definiert als Proklamation der Herrschaft Gottes in Jesus Christus mit dem Ziel der Bekehrung des Ungläubigen zu Gott.[67]

Ein Evangelist wirkt, indem er seine Hörer ***findet.*** Er muss sich in die Welt seiner Hörer hineinbegeben, entsprechend dem Missionsauftrag Jesu (Mt 28,18ff). Dass Gott ihm dabei ein Ohr der Zuhörer zu schenken hat, wie Moody das auszudrücken pflegte (Riecker 2001:179), mindert seine persönliche Kommunikationsaufgabe nicht. Der kerygmatische Leiter, der als Evangelist aktiv wird, muss die Seelenlage seiner Hörer kennen, diese in ihrer religiösen Ansprechbarkeit zu verstehen suchen und ihnen dann eine Botschaft sagen, die sie auf den Weg des Heils weiterführt.

---

[66] Bosch in: Müller, Karl. Dictionary of Mission, S. 151.

[67] Der Begriff „Evangelisation“ wurde und wird im deutschen Sprachraum unterschiedlich verwendet. Nach Klaiber (1990:24) ist Evangelisation im freikirchlichen Raum eine Verkündigungsveranstaltung, die auf die Bekehrung des Einzelnen abzielt, während es im römisch-katholischen Bereich um eine Neubesinnung der Sendung der Kirche in die Welt geht. Walldorf (1999:23) unterscheidet in seiner Arbeit zwischen „Evangelisierung“ (Prozess und Ausmaß) und „Evangelisation“ (Wirksamkeit an sich), verwendet die beiden Begriffe aber theologisch synonym. Auch im englischen Sprachgebrauch wird „*evangelism*“ und „*evangelization*“ unterschieden. Bosch (1991:409) versteht unter *evangelism* „(a) the activities involved in spreading the gospel, or (b) theological reflections on these activities“. *Evangelization* definiert er als „(a) the process of spreading the gospel, or (b) the extent to which it has been spread“.

Der Evangelist, der Christen zum evangelistischen Dienst anleiten soll, vermittelt ihnen genau diese Fähigkeiten. Nicht nur wird er diese Fähigkeiten mit der Gemeinde trainieren, sondern auch jede Gelegenheit nutzen, um Christen zu Menschenfischern zu machen (Mt 4,19; Mk 1,17). Er ist – im Bild gesprochen – der „Kompaniechef", der seine Soldaten in die Schlacht führt.

3.3.5 Religiöse Ansprechbarkeit: der Hörer als Ansatzpunkt

Die Skala von James Engel (s. S. 58 u. 96) ist uns bei der wichtigen evangelistischen Aufgabe (der Feststellung der religiösen Ansprechbarkeit der Hörer) eine große Hilfe. Der Adressat muss entsprechend seiner religiösen Ansprechbarkeit wahrgenommen und die Verkündigung auf diese Bedürfnisse abgestimmt werden. Engel unterscheidet sieben kommunikative Stufen, auf denen sich der Zuhörer befinden kann. Von ihnen lassen sich wiederum sieben Teilziele evangelistischen Vorgehens ableiten:

Stufe der religiösen Ansprechbarkeit	Aufgabe der missionarischen Verkündigung
1. Völlige Ignoranz und Unwissenheit in Fragen des Glaubens.	Erstkontakt herstellen durch Partizipation am Leben des Hörers.
2. Wachsendes Interesse an Fragestellungen des Glaubens.	Grundwahrheiten der Offenbarung so zu vermitteln, dass diese verstanden werden. Erst, wenn der Hörer Gottes Wahrheit über den Menschen und seinen Zustand begriffen hat, kann ihm das Evangelium erklärt werden. Wie soll er die Gute Nachricht für gut halten, wenn er nichts von seinem schlechten Zustand weiß?

3. Intensive Beschäftigung mit der Frage des Heils.	Die Bedeutung des Evangeliums so darlegen, dass der Hörer die Gute Nachricht als Heilsbotschaft versteht.
4. Innere Bejahung der Wirklichkeit Gottes und der Notwendigkeit der Erlösung in Jesus Christus.	Dem Hörer eine positive Haltung gegenüber der Heilsbotschaft abgewinnen.
5. Intensive Beschäftigung mit der eigenen Lage.	Den persönlichen Anspruch Gottes auf das Leben des Hörers so darlegen, dass dieser seine Verlorenheit ohne Gott erkennt.
6. Entschluss zur Entscheidung.	Den Hörer vor die konkrete Entscheidung stellen.
7. Umkehr und Glaube.	Seelsorgerliche Begleitung im Prozess der Bekehrung.

J. Engel hat diese Kommunikationsstufen in die Skala umgesetzt:

GOTT	EVANGELIST		MENSCH
Überführung	Verkündigung	-7	Erstkontakt mit dem Evangelium
		-6	Grundwahrheiten der Bibel verstanden
		-5	Bedeutung des Evangeliums erfasst
		-4	Positive Einstellung zu Gott
		-3	Persönliches Problem erkannt
		-2	Entschluss zum Handeln gefasst
	AUFRUF	-1	Buße und Glaube
WIEDERGEBURT			NEUER MENSCH

Ebenen evangelistischer Verkündigung

Der Evangelist findet seine Zuhörer auf einer oder auch auf mehreren Stufen religiöser Ansprechbarkeit vor. Seine Botschaft muss entsprechend verpackt sein, um verstanden zu werden.

3.3.6 Der Zyklus evangelistischer Praxis

Aus den Kommunikationsstufen von James Engel ergibt sich ein gewisser *Zyklus evangelistischer Verkündigung* (ZEV). Der evangelistische Leiter wird darauf achten, dass er seine Hörer ihrer Situation entsprechend mit der Botschaft anzusprechen versucht. Er muss sich seiner Gesamtvision immer bewusst bleiben, wie folgendes Diagramm verdeutlicht:

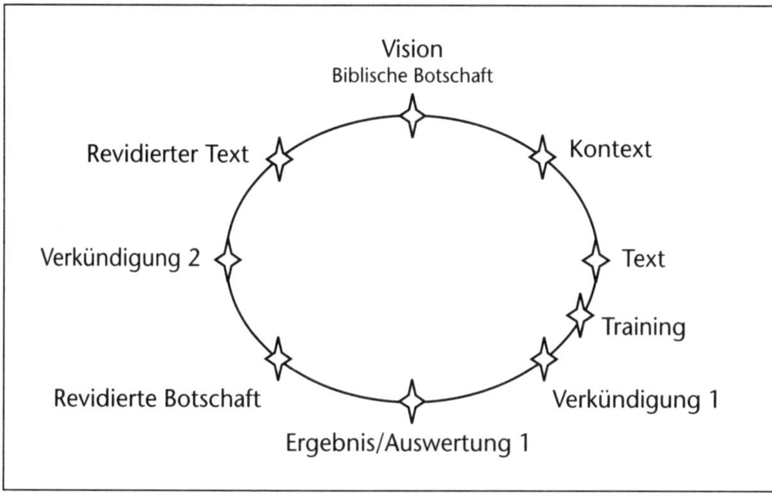

Zyklus evangelistischer Verkündigung

Der „Zyklus evangelistischer Verkündigung" (ZEV) beinhaltet folgende Schritte:

a) Vision = Was ist die Botschaft?

Was sollte der Hörer verstanden haben, um sein Leben unter die Führung Jesu Christi zu stellen? Welche Offenbarungsinhalte muss er gehört und aufgenommen haben, um zur Erkenntnis der Wahrheit zu gelangen? Als Heide ist er von Gott getrennt aufgrund seines Unwissens und Unglaubens (Eph 4,17–19). Was muss er wissen, um den Zustand seiner Gottlosigkeit zu überwinden? Und was muss die Gemeinde darüber wissen?

Wenn ein Evangelist seine Gemeinde evangelistisch prägen und anleiten will, muss er sich über seine Botschaft im Klaren sein. Es ist wichtig, das Evangelisationsverständnis und die entsprechende Begründung aus der Heiligen Schrift schriftlich festzuhalten.

Was ist nun die Botschaft des Evangeliums? Auf eine kurze Formel gebracht: Alle Menschen sind vor Gott Sünder und als solche ohne Gott verloren; alle Menschen sind eingeladen, aus der Hand des barmherzigen Gottes Vergebung ihrer Sünden zu erhalten. Diese Vergebung ist nur möglich, weil Jesus Christus für die Sünden aller Menschen gestorben ist und so die Sünde gesühnt hat. Wer sich Jesus zuwendet, wer ihm glaubt, wird selig werden.[68]

Diese Botschaft macht ein Zweifaches deutlich:

- Alle Menschen ohne Beziehung zu Gott sind verloren. Sie sind auf dem Weg in die Hölle.
- Alle Menschen können durch Jesus Christus gerettet werden. Sie sind auf dem Weg in den Himmel.

Wenn diese Botschaft unsere Gemeindeglieder in der Tiefe bewegen würde, dann würde sich auch das Leben in unseren Gemeinden radikal ändern. Ist uns bewusst, dass unsere Kinder, Verwandten, Nachbarn, Arbeitskollegen, Freunde ohne Vertrauen und Glauben an Jesus verloren sind, auf dem Weg zur Hölle? Wie können wir dabei ruhig schlafen? Wie können wir all die vielen um uns herum ohne der Botschaft des Evangeliums lassen?

In der Praxis der Gemeindearbeit ist die biblische Vision des

---

[68] Siehe hierzu: Röm 3,23-24; 6,23; Eph 2,1-10; 1Joh 5 u.a.

evangelistischen Wortes selten in aller Radikalität verstanden und geglaubt worden, denn sonst wäre Evangelisation längst die größte Normalität des Gemeindealltags. Diese Normalität wird jeder verantwortliche Leiter, der für die Evangelisation zuständig ist, anstreben und vermitteln.

b) Kontext = Wer ist der Empfänger?

Alle Menschen ohne Gott sind verloren, allen mangelt es an der Herrlichkeit Gottes (Röm 3,23). Aber nicht alle Menschen gleichen sich in ihrer religiösen Ansprechbarkeit. Der Evangelist muss also wissen, wo sich seine Hörer befinden, wenn er das Evangelium wirkungsvoll verkündigen will. In welcher Situation lebt der Hörer? Welchem Kulturkreis gehört er an? Wie gebildet ist er? Welche Sprachen spricht er? Wo finden wir ihn? Diese Fragen sind enorm wichtig, weil sie die Parameter der Evangelisation abstecken. Das Evangelium ist auf Fleischwerdung aus, es drängt in die Lebenswelt seiner Hörer.

Auch der erfahrene Evangelist muss sich mit dem Kontext seiner Hörer auseinander setzen. Und es ist seine Pflicht, die Gemeinde kontextsensibel zu erziehen. Wo diese evangelistische Erziehung in der Gemeinde stattfindet, werden die Gemeindeglieder trainiert, Menschen in ihrer Umwelt wahrzunehmen und daraus Schlüsse zu ziehen, wie sie am besten mit dem Evangelium erreicht werden können.

c) Text = Was versteht der Empfänger?

Unsere Zuhörer befinden sich auf unterschiedlichen Ebenen des Verstehens. Um sie mit dem Evangelium zu erreichen, bedarf es der Erkenntnis, wie man Menschen auf diesen unterschiedlichen Stufen wirkungsvoll ansprechen kann. Welche Grundbegriffe des Glaubens sind ihnen verständlich? Was verstehen sie möglicherweise falsch und warum? Ein Evangelist wird über solche Kenntnisse unbedingt verfügen müssen.

d) Training = Was sagt wer, wann und wo?

Wenn die Botschaft feststeht und der Hörer in seiner Situation beschrieben worden ist, kann mit der Planung des Evangelisationstrainings in der Gemeinde begonnen werden. Dabei ist wichtig, dass jedes Gemeindemitglied in der Evangelisation seinen Platz findet, und es ist die Aufgabe des Evangelisten, diesen Platz zu definieren und Freiräume zu schaffen, die den Dienst ermöglichen.

e) Verkündigung

Evangelistische Verkündigung wird je nach Empfänglichkeitsstufe in unterschiedlicher Art und Weise geschehen; unterschiedliche Gabenträger werden unterschiedliche Aufgaben übernehmen. Doch geleitet vom Evangelisten werden sie alle auf ein Ziel ausgerichtet sein, Menschen für Gott zu gewinnen.

Ein guter Evangelisationsplan wird ständige Neuorientierung in Schulung wie auch aktuellem Einsatz auf dem Feld der Evangelisation verlangen. Deshalb sieht der ZEV (Zyklus evangelistischer Verkündigung) auch Phasen der Neuorientierung vor.

3.3.7 Ein praktisches Beispiel

An einem praktischen Beispiel würde sich ein solcher Zyklus wie folgt auswirken: Die Evangeliums-Christengemeinde in Berlin arbeitet seit sieben Jahren unter russisch sprechenden Immigranten aus der ehemaligen Sowjetunion. Die meisten ihrer Adressaten sind Menschen, die über keinerlei positive Glaubens-Information verfügen. Sie müssen regelrecht alle Engel'schen Stufen durchlaufen, um zur Erfahrung der Wiedergeburt zu gelangen. Wie wird das gemacht? Folgende Tabelle fasst das zyklische Vorgehen dieser Gemeinde zusammen:

Gemeinde-Vision	Zustand der Hörer	Teilziel	Methode	Personal	Ergebnis
Menschen zu Jüngern Jesu zu machen	Völlige Ignoranz und Unkenntnis	Kontakt herstellen	Lebensstil-Evangelisation (LE), Präsenz in den Lebensbereichen des Hörers	Die ganze Gemeinde	Erstkontakt in einigen konkreten Fällen hergestellt
	Interesse an den Grundwahrheiten des Glaubens	Grundwahrheiten vermitteln	Persönliche Evangelisation (PE), Literatureinsatz, gezielte Vortragsveranstaltungen	Die ganze Gemeinde mit bewusstem Heranziehen evangelistisch begabter Glieder (EBG)	In fünf Fällen PE eingeleitet
	Intensive Beschäftigung mit der Frage des Heils	Bedeutung des Evangeliums verdeutlichen	Persönl. Evangelisation, persönl. Gespräch, evangelistischer Hauskreis (EHK)	Evangelistisch begabte Glieder (EBG), Leiter des EHK	Alle fünf Personen in den EHK integriert
	Innere Bejahung des Evangeliums	Positive Haltung zum Evangelium vermitteln	LE, bewusstes Vorleben der Umkehr und Vergebung, EHK, Abende (OA) und evangelistische Gottesdienste (EG)	EBG, Leiter des EHK, Evangelistischer Prediger im Offenen Abend (OA)	Vier Personen besuchen den OA
	Intensive Beschäftigung mit der eigenen Lage vor Gott	Persönliches Problem verdeutlicht	EHK, persönliches Gespräch, OA, EG	EBG	Drei Personen sind einer Entscheidung nahe
	Entschluss zur Entscheidung	Den Hörer vor die Entscheidung stellen	EHK, persönliches Gespräch, OA, EG	EBG, Evangelist	Drei Personen haben eine Entscheidung für Jesus getroffen
	Umkehr und Glaube	Den Hörer zur Wiedergeburt führen	Persönliche Seelsorge	EBG, Evangelist	Heilsgewissheit

Das Beispiel der Berliner Gemeinde zeigt, wie wichtig es ist, bewusste missionarische Teilziele zu setzen und dann auch die entsprechenden Freiräume zu schaffen, in denen missionarische Verkündigung auf entsprechendem Niveau erfolgen kann. Sicher sollte man sich nicht sklavisch an die sieben Schritte des James Engel binden. Auch methodisch wird man nach der jeweiligen Situation entscheiden müssen. Das hier vorgelegte Schema ist nur ein Raster, das in der Praxis den lokalen Verhältnissen angepasst werden muss. Wichtig ist, dass man gezielt einen Weg vom Ist-Zustand des Hörers zum Endziel der Umgestaltung in einen Jünger Jesu im Auge behält, wie das folgende Schema zeigt. Ob dabei vier oder sieben Schritte zu gehen sind, entscheiden die Gegebenheiten am Ort.

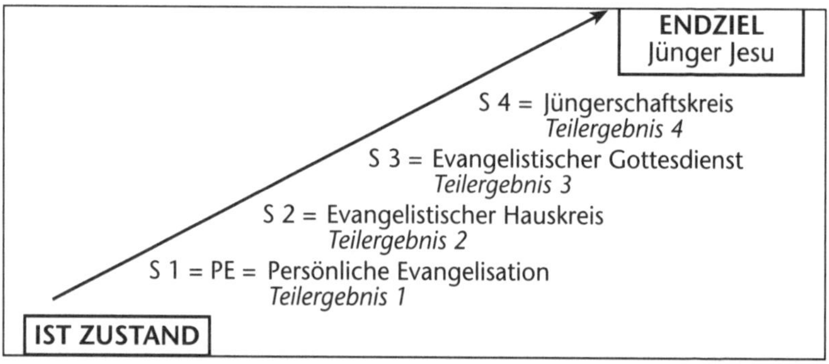

Lehrplan: Evangelistische Verkündigung

Fazit: Kerygmatische Leitung in evangelistischer Verkündigung ist für die Bereitstellung der Räume, in denen die Zyklen evangelistischer Verkündigung ablaufen können, und das dazu notwendige Mitarbeiterpotential verantwortlich. Sie stellt sicher, dass die ursprüngliche Vision verstanden wird und im Blickfeld bleibt.

3.4 Leiten durch prophetische Verkündigung

3.4.1 Das wiederentdeckte Wort der Weissagung

„Nichts ist so schwer für Pastoren wie das prophetische Wort" – diese Worte Rowland Crouchers (2002:4) gewinnen erst dann ihre volle Bedeutung, wenn man sich die Praxis der Verkündigung in den letzten zwanzig Jahren genauer ansieht. Während in evangelischen oder auch evangelikalen Gemeinden die hier übliche Zurückhaltung in Sachen Prophetie ausschlaggebend zu sein scheint, ist es der Begriff der Prophetie selbst, der in charismatischen Kreisen eine bewusste Leitung durch das prophetische Wort verhindert.[69]

Auch aufseiten der eher ökumenisch eingestellten Kirchen finden sich Beispiele prophetischer Führung, die jedoch allesamt politisch oder sozialpolitisch anmuten.[70] Aber wird man dem Begriff Prophetie überhaupt gerecht, wenn man ihn soziologisch deutet? Ist es recht und richtig, mit Max Weber den Begriff in bewusster Opposition zu Tradition und Institution zu gebrauchen (Croucher 2002:5)? Sind Propheten Menschen, die sich nicht vom engen Korsett des Status quo bestimmen lassen? Sind sie die „Linken", die Linksradikalen der Kirche, immer radikal (ebd.) und unfähig zum Kompromiss? In einem Text der Religiösen

---

[69] Wenn Prophetie in ihrem theologischen Gehalt auf die Stufe eines banalen Alltagswortes herunterprojiziert wird. In dieser Gefahr stehen nicht nur die populär-theologischen Entwürfe der Charismatiker wie Thompson, S. (*Alle können prophetisch reden. Praktische Anweisungen zum prophetischen Dienen.* Wintertur 2000) und Joner, Rick. (*Die Engel. Die Ernte und das Ende der Welt.* Wiesbaden 1993), sondern auch Grudem 1988. Eine gute Analyse des Prophetieverständnisses in charismatischen Kreisen bietet Turner 1996: 315–328. Bezeichnend vor allem die guten Vergleiche zwischen modernen Erscheinungen von Prophetie und denen des NTs.

[70] Ein gutes Beispiel ist die Serie zur prophetischen Predigt in der Stiftskirche Tübingen aus dem Jahre 1974. Siehe: Evangelische 1974.

Konferenz Brasiliens[71] hat man die wesentlichen Merkmale des prophetischen Dienstes wie folgt zusammengefasst:

a) Der Prophet ist zunächst und vor allem ein Kritiker. Der Prophet erkennt und benennt Situationen der Unterdrückung und Ungerechtigkeit mit dem Ziel, Umkehr herbeizuführen.
b) Der Prophet ist eine Stimme Gottes. Geführt vom Heiligen Geist, ist er/sie frei zu tun und zu sagen, was Gott im Augenblick für das Angebrachte hält. Er/sie verkündigt Gottes Wort in die Situation der Menschen hinein.
c) Der Prophet ist ein Kritiker der gegebenen Verhältnisse. Er/sie ist ein Kind und ein Erklärer der Krise. Er/sie taucht immer in Zeiten der Desolation und Krise auf. Er/sie offenbart Fehlentwicklungen und legt verfahrene Situationen bloß. Propheten appellieren an das Gewissen der Menschen.

Ist der Prophet dieser „Herold der Befreiung“, wie man ihn aus den Reihen der Befreiungstheologie Lateinamerikas gerne hätte?

In der römisch-katholischen Kirche waren und sind es die monastischen Orden, die sich der prophetischen Verkündigung verschrieben haben. In einer Erklärung der Dominikaner beispielsweise heißt es:

„Die beste Tradition unseres Ordens zeigt, dass unsere Predigt immer schon prophetisch ausgerichtet gewesen ist. Eine Predigt, die rein theoretisch und abstrakt als intellektuelles Exposé eines Systems aufgebaut ist, ist nicht im Sinne und im Geist des Heiligen Dominikus und es konstituiert auch nicht die Art und Weise der Verkündigung des Evangeliums, die die heutige Welt erreicht … Prophetische Predigt muss gegründet sein in einer seriösen

---

[71] „Listening to the Prophets“, in http: www.op.org./curia/JPC/booklets/jp0104.htm, S. 2-5.

Analyse der Zeichen der Zeit, aufgebaut auf übernatürlichen Prinzipien und unterstützt von Gebet ...“[72]

Was ist nun die Aufgabe des Propheten? Wie predigt man prophetisch? Wie gewinnt man die viel beschworene „prophetische Dimension“ (Croucher 2002:5) in der Verkündigung? Wie ist man als Prediger „Mahner und Tröster“ (Schwarz 1986:85f)?

Es fällt auf, wie wichtig der Dienst der Propheten für den Apostel Paulus und seine Gemeinden war. Paulus suchte die Korinther zu bewegen, diese hoch gepriesene Gabe zu suchen (1Kor 14,1.39). Er hätte es gern gesehen, wenn sie alle in „neuen Sprachen“ geredet hätten, aber viel mehr wünschte er, dass alle prophetisch reden. Warum das? Weil die „Glossolalie“ den Einzelnen, Prophetie aber die ganze Gemeinde erbaut. Es ist die Prophetie, die in allen Gabenlisten (Röm 12, 1Kor 12, Eph 4) erwähnt wird.

Im Vergleich zu diesem gesteigerten Interesse für das prophetische Wort im NT fällt die Ausbeute eher mager aus, wenn man die gängigen theologischen Textbücher zum Thema prophetische Predigt befragt. Das Buch von Otto Baab[73] ist immer noch eine recht einsame Erscheinung am Horizont homiletischer Entwürfe, sieht man von der neueren prophetischen Literatur aus dem Bereich der charismatischen Erneuerung ab.

3.4.2 Der prophetisch begabte Verkündiger als kerygmatischer Leiter

Nach Epheser 4,11 soll der prophetisch begabte Leiter Christen prophetisch führen. Er ist der Leiter, den Gott in der Gemeinde

---

[72] Ebd., S.4.
[73] Baab, Otto J. *Prophetic Preaching: A New Approach.* Nashville 1958.

eingesetzt hat, damit die Gemeindeglieder zu ihrem Dienst zugerüstet werden.[74] Er ist der prophetische Lehrer und Hirte.[75]

Wie sieht die Heilige Schrift den Dienst eines prophetisch begabten Leiters? Was tut dieser? Wie lehrt und wie leitet er Christen zum Dienst an?

Im AT ist der Prophet[76] ein von Gott Berufener, der eine Offenbarung bekommt sowie den Auftrag, diese öffentlich mitzuteilen.[77] Unter göttlicher Inspiration erblickt der Prophet im geschichtlichen Ereignis Gottes Handeln und berichtet es Einzelnen und auch dem Volk. Erst durch das prophetische Wort werden aus politischen und sozialen Ereignissen theologische Schlüsse gezogen. Würde der Prophet zum Fall Samarias im Jahre 721 v. Chr. z. B. schweigen, könnten daraus auch keine theologischen Schlüsse gezogen werden.[78]

---

[74] In seiner vielbeachteten Monographie „The Gift of Prophecy" (GRUDEM, W. *The Gift of Prophecy in the New Testament and Today.* Eastbourne 1988. Deutsch: GRUDEM, W. *Die Gabe der Prophetie.* Nürnberg 1994) bestreitet Grudem eine leitende Funktion für den Propheten in den neutestamentlichen Gemeinden. Seine Argumentation basiert auf einer Auswertung entsprechender Perikopen der Apostelgeschichte. Grudem hat dabei nicht Epheser 2,20; 4,11 im Blick. Propheten waren wichtige Leiter der Gemeinden, die mit „Verkündigung, Leitung und Lehre" (Schnackenburg, R. *Der Brief an die Epheser.* Zürich/Einsiedeln/Köln 2. Auflage 2003, S. 183) betraut wurden. Siehe auch: Barth, M. *Ephesians 4-6. A New Translation with Introduction and Commentary.* New York 1960, S.435-436; M. Turner (*The Holy Spirit and Spiritual Gifts Then and Now.* Carlisle 1996:206) schreibt, dass es keinen Grund gibt anzunehmen, dass „die Propheten in der frühen Kirche Leiter gewesen sind, die fähig waren zu predigen und zu lehren".

[75] Zur Rolle des Propheten in Lehre und Predigt siehe U. Müller, *Prophetie und Predigt im Neuen Testament.* Gütersloh 1975.

[76] hebr. *nabi* = Berufener, *roaeh* = Seher, oder auch *isch ha aelohim* = Mann Gottes. Siehe hierzu: BETZ, O. 1990. „Prophetie", in: *Das große Bibellexikon.* Bd. 3, Wuppertal und Gießen, S. 1231-1240.

[77] Grudem 1994:13ff.

[78] Zur Prophetie als Offenbarungs-Interpretation der Geschichte siehe F. Flückiger, „Das Wesen biblischer Prophetie", in: *Zukunftserwartung in biblischer Sicht*, hrsg. von Gerhard Meier. Wuppertal 1983, S.22ff.

Der Prophet ermöglicht durch seine Botschaft den Einblick in eine andere Perspektive der geschichtlichen Ereignisse, die von Gott kommt. Dabei wird deutlich, dass es Gott ist, der sozio-politische Ereignisse ermöglicht, ja sie sogar steuert. Der Fromme ist also gut beraten, sein Leben entsprechend einzurichten, will er nicht dem Zorn des göttlichen Gerichts anheimfallen. So sind Verheißung, Heilsankündigung und Gericht die beiden Spitzen des prophetischen Wortes im Alten Testament, immer eingebunden in die konkrete Geschichte: „Im Ganzen wurde Prophetie verstanden als ein Akt, in dem der Gott Israels seinem Volk seinen unmittelbaren Willen offenbarte."[79]

Eine sehr ähnliche Rolle kommt der Prophetie auch im NT zu.[80] Auch hier geht es um die Offenbarung des unmittelbaren Willens Gottes im Leben von Einzelnen oder der Gemeinde. Durch prophetische Weisung werden Missionare berufen (Apg 13,1ff); Lösungen für schwierige Probleme gefunden (Apg 15,28ff), persönliche Führung und Gewissheit im missionarischen Dienst erfahren (Apg 16,6–13; 18,10), vor Naturkatastrophen gewarnt (Apg 11,28) und persönliches Ergehen vorausgesagt (Apg 20,23; 21,4.11). In jedem dieser Akte ist eine unmittelbare Offenbarung Gottes wichtige Voraussetzung.

Fasst man die Aussagen der Heiligen Schrift über Prophetie zusammen, so kann man mit Croucher (2002:6) sagen: „Prophetie ist die direkte Kommunikation von Gott für bestimmte Menschen in einer/m bestimmten Zeit und Ort, mit einem besonderen Anliegen." Mittels der Prophetie teilt Gott neue Einsicht in seine Wahrheit mit, offenbart die unmittelbare Zukunft (Apg

---

[79] M. Turner, *The Holy Spirit and Spiritual Gifts Then and Now.* Carlisle 1996, S.190.

[80] Siehe zum Begriff der neutestamentlichen Prophetie: Turner 1996:187ff; Grudem 1988; D. Aune, *Prophecy in Early Christianity and the Ancient Mediterranean World.* Calisle 1983; C. Forbes, *Prophecy and Inspired Speech in Early Christianity and the Hellenistic Environment.* Tübingen 1995.

11,27ff) und ermutigt seine Jünger, inspiriert oder korrigiert dabei ihr Verhalten (1Kor 14,3; 1Tim 1,18). Paulus ermahnt die Thessalonicher, die Weissagung „nicht gering zu achten" (1Thess 5,20–22).

Aune[81] und in seinem Gefolge Turner[82] benutzen fünf Kategorien, um prophetische Aussprüche im NT zu identifizieren:

1. wird der Spruch auf eine übernatürliche Quelle bezogen;
2. enthält der Spruch eine Vorhersage oder besonderes Wissen;
3. wird der Spruch durch eine Formel eingeleitet oder zusammengefasst, die als prophetisch gilt;
4. wird der Spruch durch eine Erklärung des Sprechers über seine besondere Inspiration vorqualifiziert;
5. ist der Spruch in den Text integriert worden.

Mit Hilfe dieser Kriterien entdeckt Aune 59 Prophetien, die in den Text des Neuen Testaments aufgenommen worden sind.[83] Diese Prophetien können nach Aune in folgende 6 Kategorien eingeordnet werden:

1. Sprüche der Gewissheit (Apg 18,9; 23,11; 27,23–24; 2Kor 12,9 u.a).
2. Sprüche mit Vorschriften (Gal 5,21; Apg 13,2; 21,4; 2Thess 3,6 u.a.).
3. Sprüche, die Heil voraussagen (Offb 14,13; 19,9 u.a.).
4. Sprüche der Gerichtsankündigung (Apg 13,9–11; 1Kor 14,37–38; Gal 1,8–9).

---

[81] Aune 1983:247f, 317f.
[82] Turner 1996:204-205.
[83] Aune 1983:441; Turner 1996:205.

5. Sprüche der Legitimation (1Kor 12,3) und Selbstempfehlung (Offb 1,8.17).
6. Sprüche, die auf eschatologische Ereignisse vorausschauen (Röm 11,25–26; 1Kor 15,51–52; 1Thess 4,16.17).

Dieser Überblick macht deutlich, dass das prophetische Wort im NT nicht so sehr durch seine Form oder seinen Inhalt hervorsticht, sondern vor allem durch seine Unmittelbarkeit und Begründung im aktuellen Wort Gottes.[84]

3.4.3 Ziel und Absicht der Prophetie

Der prophetisch begabte Verkündiger ist gesandt, Gottes Wort in einer überaus konkreten Situation hörbar werden zu lassen. Prophetie, so verstanden, ist die Aktualisierung des Wortes Gottes in der Gegenwart. Der Sinn der prophetischen Rede wird von Paulus in 1. Korinther 14,3 in dreifacher Weise beschrieben: „Wer aber prophezeit, redet den Menschen zur Erbauung und Ermahnung und Tröstung."

Erbauung (*oikodome*) meint hilfreiche Weisungen, die der Selbstfindung des Christen dienen und seinen Platz in der Nachfolge Jesu finden helfen. Prophetie ist somit Orientierungshilfe auf dem Weg mit Gott. Ein hervorragendes Beispiel hierfür bieten die unterschiedlichen Stationen und Situationen im Leben des Apostels Paulus. So ist seine Aussendung in den missionarischen Dienst eingebettet in eine prophetische Weisung (Apg 13,1ff). Und in einer wichtigen Phase seines Lebens wird ihm sein Weg ins Leiden offenbart (Apg 20,23).

---

[84] Aune 1983:338; Turner 1996:205.

Ermahnen (*paraklesis*) meint Korrektur durch Aufdecken der falschen Wege, Strukturen und Gedanken, die sich gegen den Willen Gottes stellen, und der Rückruf auf den Weg der Nachfolge.[85]

Trost (*paramythia*) meint den gnädigen Zuspruch Gottes. Er geschieht, wo neue Perspektiven eröffnet werden, wo man auf die Zukunft hin lernt (1Kor 14,29ff).

Die drei Begriffe zusammengenommen beschreiben Gottes unmittelbares Eingreifen in das Leben von Einzelnen oder einer ganzen Gemeinde mit dem Ziel des geistlichen Aufbaus und Wachstums. Das Absterben der Prophetie führt die Gemeinde Jesu dazu, eine „geistlose Organisation" (Küng 1968:433) zu werden, in der zwar alles noch nach alter Gewohnheit funktioniert, aber der Geist nicht mehr weht, wo und wie er will.

3.4.4 Der Ort prophetischer Verkündigung

Nach 1. Korinther 14,29–32 sollen Propheten in der Gemeinde (besonders im Gottesdienst) zu Wort kommen. Das Auftreten des Propheten im Gottesdienst unterlag besonderen Bestimmungen. Frauen, denen Gott ein prophetisches Wort gab, sollten ihr Haupt bedecken (1Kor 11,5), und die Propheten sollten generell hintereinander sprechen:

„Auch von den Propheten lasst zwei oder drei reden, und die anderen lasst darüber urteilen. Wenn aber einem anderen, der dabei sitzt, eine Offenbarung zuteil wird, so schweige der erste. Ihr könnt alle prophetisch reden, doch einer nach dem andern, damit alle lernen und ermutigt werden" (1Kor 14,26f).

---

[85] Siehe hierzu 1Kor 14,24–25 als Konkretion der prophetischen Paraklese (Ermutigung/Ermahnung) im Kontext des Gemeindegottesdienstes.

Nach einer Prophetie sollte Raum für eine prüfende Beurteilung gelassen werden.
Prophetisches Wort im Gottesdienst ist nur möglich, wenn dafür Raum und Rahmen dafür geschaffen werden.

Andere Beispiele aus dem NT zeigen, dass die prophetische Rede nicht allein auf den Gottesdienst begrenzt war. Man denke z. B. an den Propheten Agabus (Apg 21,10ff) und sein Wort an Paulus. Im Haus („Hausgemeinde") des Evangelisten Philippus wurde in eher privater Atmosphäre prophetisch gesprochen, und zwar offensichtlich intensiv, denn alle seine vier noch nicht verheirateten Töchter besaßen diese Gabe und praktizierten sie auch (Apg 21,9).
Prophetische Rede hatte ihren *Sitz im Leben* in der Verkündigung – im gottesdienstlichen wie auch im persönlichen Bereich.

3.4.5 Die Gefahren kennen

Es gibt viele und z. T. auch berechtigte Vorbehalte gegenüber dem Gebrauch der Prophetie heute. Zu viel und leider zu oft ist in der neueren Geschichte falsch prophezeit worden. In allen Lagern der weltweiten Gemeinde Jesu haben sich berechtigte Fragen zum Thema angehäuft. [86] Ohne an dieser Stelle die Fragen reflektieren zu können, ist jeder, der sich mit Prophetie auseinander setzt, gut beraten, die Warnungen der Heiligen Schrift vor falschen Propheten ernst zu nehmen.[87] Das Spektakuläre des prophetischen Wortes, der übernatürliche Anspruch und auch die Umstände, in denen das Wort gesprochen wird, kann bei einem unsachgemäßem

---

[86] Eine überaus lesenswerte Lektüre zu den Irrtümern der Endzeit-Propheten der Gegenwart hat Franz Stuhlhofer verfasst: *Das Ende naht! Die Irrtümer der Endzeitspezialisten.* Gießen 1993.

[87] Siehe u.a.: Mt 7,15ff; 24,11; 1Kor 14,37; 2Petr 2,1ff; 1Joh 4,1ff; Offb 19,20.

Gebrauch in Gefahrenzonen führen, die Christen eher schaden als nutzen.

Daraus allerdings Kapital für polemische Darstellungen zu schlagen, wie es manche erklärten Gegner der charismatischen Bewegung tun,[88] wäre unsachgemäß. Die prophetische Verkündigung ist ein zentrales und wesentliches Element der Erziehung von Christen zum Dienst. Die Gemeinde Jesu tut gut daran, sich mit allem Ernst dem biblischen Anspruch der Prophetie und einer in der Bibel begründeten Praxis des prophetischen Wortes zu öffnen. Gerade angesichts der vielen falschen Propheten, die hier und da in den Gemeinden aufgetaucht waren (2Petr 2,1ff), warnt der Apostel Petrus, „umso fester am prophetischen Wort festzuhalten" (2Petr 1,19).

3.4.6 Leiten durch prophetische Verkündigung

Kerygmatische Leitung durch prophetische Verkündigung wird in christlichen Kreisen eher selten wahrgenommen. Zwar haben Autoritäten der charismatischen Bewegung von einem Propheten-Zeitalter, das nun anbrechen soll, gesprochen, z. B. Rick Joyner[89]:

„Die nächste geistliche Welle wird die Wiederherstellung und Anerkennung des Dienstes der Propheten bringen. Der prophetische Dienst wird in den nächsten Jahren im Mittelpunkt der Aufmerksamkeit stehen, da mehr Salbung ihn begleiten wird, als man seit den Zeiten der Bibel je gesehen hat."

Ähnliches prophezeite auch John Wimber.[90] Aufgrund solcher

---

[88] Siehe vor allem W. Bühne, *Die Propheten kommen.* Bielefeld 1994.
[89] Joyner 1993:37f.
[90] Bühne 1994:15.

Aussagen erwartete oder befürchtete man (je nach Standpunkt) eine globale „Prophetenbewegung“, die von Nordamerika aus auch in Deutschland alles verändern würde.[91] Doch bisher ist wenig passiert. Nach einer großangelegten Untersuchung zum Thema „Prophetie und Mission in Berlin“[92] kommt der Prophetie im Gemeindealltag der charismatischen Gemeinden eine untergeordnete Rolle zu. Die Situation in den evangelikalen Gemeinden dürfte noch weniger ergeben.

Missionarischer Gemeindeaufbau setzt aber Leiter voraus, welche Christen zu ihrem Dienst ausrüsten (Eph 4,11). Unter diesen Leitern sollen Menschen sein, denen Gott eine prophetische Begabung anvertraut hat.[93] Wie sonst sollte Gott seinen Kindern Orientierung in Fragen der Begabung, Berufung oder auch Heiligung konkret vermitteln? Nach Paulus ist gerade dies die Aufgabe des Propheten. Dass diese Aufgabe nicht einfach gleichzusetzen ist mit der sonntäglichen Lehrpredigt, das hat Turner[94] in seiner Untersuchung der Prophetie deutlich gezeigt.

Wie können, wie sollen nun Leiter mit einer prophetischen Begabung leiten? Im Unterschied zu den anderen in Epheser 4,11 erwähnten Verkündigungsgaben handelt es sich bei der Prophetie um ein recht spontanes Geschehen, das auf das unmittelbare Reden Gottes zurückgreift. Auch wenn eine prophetische Äußerung immer in Übereinstimmung des in der Heiligen Schrift geoffenbarten Wortes stehen soll, ist die Konkretisierung dieses Wortes ein eher spontanes Ereignis.

---

[91] Ebd:15f.

[92] D. Heim, „Prophetie und Mission. Eine kritische Untersuchung zur Bedeutung prophetischer Aussagen für die Mission der Gemeinde in Berlin“, unveröffentl. MTh-Dissertation, UNISA 2002.

[93] Diese Forderung wird in der neueren praktisch-theologischen Literatur immer wieder aufgestellt (Mauerhofer 1998:114).

[94] Turner 1996:206ff.

Die in 1. Korinther 14 gegebenen Eckdaten einer Praxis prophetischer Verkündigung lassen Grundelemente erkennen, anhand derer prophetische Leitung geschehen kann, ja muss. Die im Rahmen des Gemeindegottesdienstes stattfindende Prophetie in der korinthischen Gemeinde setzte folgende wichtige Elemente voraus:

- Prophetie wurde gewollt, für notwendig gehalten und praktiziert.
- Der Gottesdienst bot genug Zeit und Raum für prophetische Verkündigung.
- Die Prophetie wurde als alle betreffendes Geschehen erlebt.
- Prophetische Worte sollten geistlich geprüft und beurteilt, danach aber auch ernst genommen werden.

Um geistgewirkte Prophetie erleben und beurteilen zu können, mussten die Korinther folgende Voraussetzungen mitbringen:

1. Das Wesen biblischer Prophetie verstehen, die Notwendigkeit der Prophetie für den allgemeinen Aufbau der Gemeinde und jedes einzelnen Gemeindegliedes begreifen und anerkennen.
2. Die Leiter der Gemeinde mussten Freiräume für die Praxis prophetischen Wortes schaffen.
3. Die Leiter mussten den Gottesdienst so gestalten, dass mehrere Personen prophetisch sprechen wie auch geistlich beurteilt werden konnten.
4. Die Gemeinde musste geschult werden, „kritisch“ zu hören, um geistlich beurteilen zu können.

Die Verantwortung für diese Aufgabe wird in der Hand von prophetisch begabten Ältesten gelegen haben, denn sie kannten Prophetie aus eigenem Erleben und persönlicher Begabung, sie kannten aber auch die Heilige Schrift und damit die biblischen

Kriterien zur Prüfung der Prophetie. Sie trugen die Mitverantwortung für die Versammlung der Christen und waren für die Zurüstung aller Christen zum Dienst zuständig. Sie kannten auch die Glieder in der Gemeinde mit der speziellen Gabe des prophetischen Wortes. Es wird eine ihrer Aufgaben gewesen sein, sie in der Ausübung ihrer Gabe zu begleiten.

3.4.7 Die Aufgabe der prophetischen Leitung

Es ist die Aufgabe des kerygmatischen Leiters mit prophetischer Begabung, seine Gemeinde in die Welt biblischer Prophetie und die Praxis der prophetischen Verkündigung einzuführen. Er sollte der Gemeinde eine Vision für den prophetischen Dienst vermitteln. Das wird zum einen durch eine solide biblische Lehre, zum anderen aber durch praktische Konkretionen des prophetischen Wortes im Leben der Gemeinde erreicht. Die Gemeinde sollte wissen und erfahren, was Prophetie ist und bewirkt.

Beides: biblische Lehre und praktische Erfahrung sollen Hand in Hand gehen. Das Wort muss „Fleisch" werden, wenn wir seine Herrlichkeit sehen wollen (Joh 1,1ff). Denn selbst die beste Lehre vermag nichts zu erreichen, wenn sie nicht auf die Bereitschaft zur Umsetzung im Lebensalltag stößt. Erst wenn das Wort appliziert und die erkannte Wahrheit angewandt wird, kann Wissen zur Erkenntnis werden.

Zum anderen ist es die Aufgabe des kerygmatischen Leiters, prophetische Begabungen in der Gemeinde entdecken zu helfen und zum Einsatz dieser Gaben zu ermutigen. Der Leiter wird so zum Mentor seiner „Prophetenschüler".

Es ist weiterhin die Aufgabe des kerygmatischen Leiters, Freiräume in den Veranstaltungen der Gemeinde zu schaffen, in denen das prophetische Wort gesprochen werden kann. Das wird eine gewisse Herausforderung für die Gottesdienstplanung sein, wenn man den liturgisch aufgebauten Gottesdienst in den meisten Kirchen Europas bedenkt. Raum für spontane Beiträge zu bieten, kann allerdings nur dann zum Segen für die Gemeinde werden, wenn dieser Raum nicht ohne eine gewisse Ordnung und Strukturierung bleibt. Die Korinther stehen uns hier als warnendes Beispiel für eine mögliche negative Entwicklung vor Augen.

Dargestellt in der Form einer Tabelle sehen die Verkündigungs-Aufgaben eines prophetisch begabten Ältesten in der Gemeinde so aus: Er wird zur Prophetie anleiten und sie praktizieren, aber auch den Einsatz des prophetischen Wortes in der Gemeinde kritisch begleiten. Dabei ist es sein Ziel, die Gemeinde zu einer Offenheit zu führen, in der Gott reden kann.

GOTT	PROPHET		CHRIST
Offenbarung	Verkündigung	+1	Basiswissen vorhanden
		+2	Umgang mit dem prophetischen Wort gelernt
		+3	Anwendung des Wortes im Alltag des Lebens begonnen
		+4	Differenziertes Hören gelernt
		+5	Vermittlung des Wortes an andere begonnen
	Prophetie	+6	Proph. Mitarbeiter am Wort
ERKENNTNIS			Vom Geist Gottes geführter NACHFOLGER

Ebenen prophetischer Verkündigung

3.4.8 Der Zyklus prophetischer Verkündigung

Aus dem Gesagten ergibt sich der *Zyklus prophetischer Verkündigung* (ZPV) in einer lokalen Gemeinde.

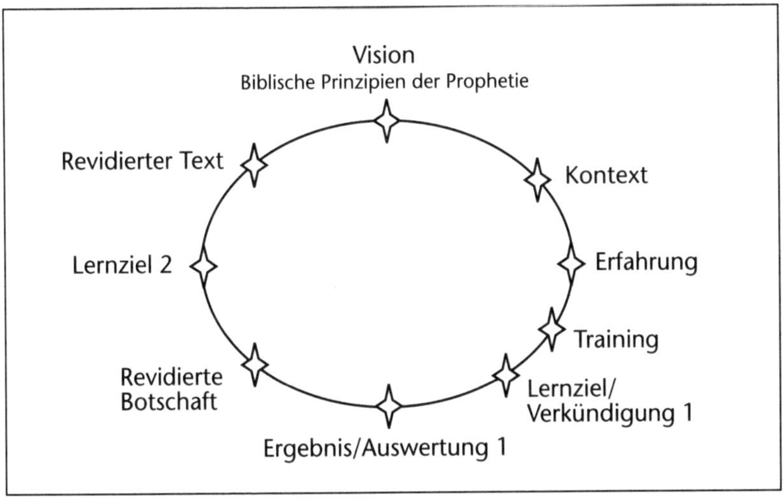

Zyklus prophetischer Verkündigung

Dieser Zyklus schließt folgende wichtige Schritte ein:

a) Vision = Was sind die biblischen Prinzipien prophetischer Rede?

Welche Rolle kommt der Prophetie in der Vermittlung des Wortes Gottes an seine Gemeinde zu? Welche Kriterien echter Prophetie nennt die Heilige Schrift? Wodurch unterscheidet sich wahre Prophetie von falscher? Kann man Prophetie überhaupt verifizieren, bzw. falsifizieren? Welche Richtlinien benennt die Heilige Schrift hierfür? Wie wird Prophetie in der Praxis des Gemeindelebens eingesetzt?

Diese und viele ähnliche Fragen müssen in einer Gemeinde, die Interesse an der prophetischen Konkretion des Wortes Gottes hat, geklärt werden. Je intensiver die biblische Vision für Prophetie in der Gemeinde verstanden wird, desto offensiver kann sie im Raum der Gemeinde erlebt werden, ohne dabei in die Gefahrenzone unbiblischer Praktiken zu geraten.

b) Kontext = Wer ist der Empfänger?

Christen können sich sehr unterschiedlich entwickeln; und in einer missionarisch eingestellten Gemeinde, die Menschen für Christus gewinnt, ist der Wissensstand in Sachen Prophetie stets variabel. Der prophetisch begabte Älteste wird diese Tatsache im Blick behalten müssen, wenn er die Gemeinde auf die Erfahrung prophetischer Rede und den Umgang mit Prophetie schulen will.

c) Erfahrung = Was versteht der Empfänger von der biblischen Wahrheit?

Über Prophetie kann man nicht nur reden, Prophetie will und muss erfahren werden. Dabei ist es wichtig, dass Erfahrungen verstanden werden. Prophetische Rede will den Menschen in eine engere Beziehung mit Gott bringen. Der Einblick in Vergangenheit, Gegenwart oder Zukunft, den Gott einem Menschen prophetisch gewährt, soll die Beziehung zu Gott neu qualifizieren und seinen Glauben vertiefen. Es ist daher von großer Bedeutung, wie der Betroffene die prophetische Rede versteht und welche Schlüsse er daraus zieht. Das kann sowohl im Hinblick auf einen prophetisch begabten Menschen als auch auf den Adressaten einer Prophetie gesagt werden. Werden die ersten Erfahrungen mit der Weissagung nicht mit einer biblischen Erklärung versehen, so können völlig neue, dem Evangelium fremde Interpretationen des Geschehenen, Kräfte instrumentalisieren, die von zweifelhafter Qualität und Herkunft sind. Die in evangelikalen Kreisen vorherrschende Angst vor der Prophetie hat hier ihre Wurzeln.

Ein erfahrener Ältester mit prophetischer Begabung wird daher immer erst fragen, ob seine Hörer für Prophetie aufgeschlossen und empfänglich sind, bevor er ihnen die prophetische Rede zumutet. Und hat er ein Wort für jemand, wird er darum bemüht sein, seine Rede so „einzufädeln“ (vgl. der Prophet Nathan und König David, 2Sam 2,1–6), dass sein Gegenüber sie annehmen kann (2Sam 2,7ff) und sein Glaube vertieft wird.

Auch wenn Gemeindeglieder den Eindruck gewinnen, ein Wort vom Herrn bekommen zu haben, ist behutsames Vorgehen angeraten. Der Eindruck ist ernst zu nehmen, aber wo und wann man den Propheten seine Botschaft ausrichten lässt, das mag von Fall zu Fall unterschiedlich entschieden werden. Gewinnt der Älteste den Eindruck, es handelt sich tatsächlich um ein Wort des HERRN, sollte er mit dem Betroffenen gesondert sprechen, um ihn darin zu schulen, richtige Prophetie von eigener Eingebung zu unterscheiden.

d) Training = Wie sollen Christen mit prophetischer Begabung auf ihren Dienst vorbereitet werden?

Wie schult man Propheten für den Gemeindedienst? Kann man Prophetie überhaupt lernen? Was müsste unbedingt zur eisernen Ration einer „Prophetenschulung“ dazugehören?

Die Existenz von Propheten-Schulen im Alten Testament ist unbestreitbar. Wie sie ausgerichtet waren, ist hingegen weniger bekannt. Beispiele wie die Beziehung des Propheten Elia zu seinem Jünger Elisa (2Kön 1,1ff) lassen die Richtung erahnen, in die gedacht werden muss. Mehrere Schwerpunkte können unterstrichen werden:

- *Der Prophetenschüler muss lernen, Gottes Stimme von allen anderen Stimmen (seine eigene eingeschlossen) zu unterscheiden.*

Dass so manche Prophetie heute eher menschlichem Wunschdenken entspricht, als dass es ein wirkliches Wort des HERRN wäre, liegt vor allem daran, dass prophetisch begabte Menschen dieser Unterscheidung oft nicht mächtig sind. Propheten müssen die Stimme Gottes von anderen Stimmen unterscheiden lernen.

Ich denke da an eine jüdische Frau, die erst mit über 60 Jahren zum Glauben an Jesus Christus gefunden hatte. Offenbar hatte sie die Gabe des prophetischen Wortes erhalten. Der Pastor ihrer Gemeinde, der bis dahin keine Erfahrung mit der Prophetie hatte, berichtete, wie die ganze Gemeinde erstaunt war, als diese Frau eines Tages während der Gebetsgemeinschaft für eine Kranke (die im Krankenhaus auf die Operation wartete) aufstand und sagte, man solle aufhören zu beten, denn Gott habe ihre Gebete bereits erhört; die Kranke würde schon morgen aus dem Krankenhaus entlassen werden. Ihre Worte wurden nicht kommentiert. Als aber am nächsten Tag ihre Voraussage voll und ganz in Erfüllung gegangen war, begann man, genauer zuzuhören, wenn die alte Dame sprach. Es folgten weitere „Volltreffer" dieser Art.

Ein halbes Jahr nach ihrer Bekehrung verkaufte diese Frau auf einmal ihr Hab und Gut und erzählte dem Pastor, dass sie an einem gewissen Tag von Unbekannten abgeholt werde und man sie zurück in ihr Heimatland (Russland) bringen würde, damit sie dort im Segen wirken könne. Doch als der besagte Tag kam, passierte nichts. Niemand holte die Schwester ab. Und auch am nächsten und übernächsten Tag kam niemand. Sie hatte alles im Glauben verkauft und das Geld dazu noch verschenkt. Nun saß sie mittellos da und fühlte sich betrogen.

Diese Frau hatte wirklich von Gott eine prophetische Gabe bekommen, aber sie hatte es noch nicht gelernt, die Stimme Gottes klar von anderen zu unterscheiden. In ihrem Fall war sie das einzige Opfer. In anderen Fällen wurden allerdings ganze Gemeinden in Mitleidenschaft gezogen. Es ist enorm wichtig, dass Propheten lernen, die Stimme Gottes von allen anderen zu unterscheiden.

- *Ein „Prophetenschüler" muss das Wort Gottes kennen. Gott widerspricht sich nie.*

Ein prophetisches Wort heute, so weit es von Gott stammt, bringt keine neue Offenbarung, vielmehr konkretisiert es Gottes Wort und Willen im Kontext des Lebens eines Betroffenen. Deshalb ist es wichtig, dass der Prophet Gottes offenbarten Willen kennt.

- *Ein „Prophetenschüler" muss lernen, mit „Kritik" umzugehen.*

Neutestamentliche Prophetie unterliegt nach 1. Korinther 14,29 der Beurteilung und Deutung anderer prophetisch begabter Christen: „Auch von den Propheten lasst zwei oder drei reden, und die anderen (prophetisch Begabten) lasst alles beurteilen." Doch gerade für Menschen, die ein Wort von Gott empfangen haben, ist „Kritik" oft schwer anzunehmen. An dieser Stelle müssen Propheten lernen, wenn sie Gottes Vorstellungen entsprechen wollen.

e) Verkündigung

Erst nach diesen Vorbemerkungen ist freie Bahn für prophetische Verkündigung. Gottes Vorstellung von Prophetie ist verstanden worden, die Situation des Zuhörers erkannt, die ersten Erfahrungen mit der Prophetie sind gemacht, man hat Basistraining erhalten. Der prophetisch Begabte kann an seine Arbeit gehen. Und hat Gott dann ein prophetisches Wort geschenkt und ist dieses Wort ausgesprochen, dann ist es wichtig, sich einer positiven und aufbauenden „Kritik" zu stellen. Diese wird folgende Schritte beinhalten:
- Ergebnis = Was habe ich erreicht?
- Vision = Was ist die Botschaft?
- Kontext = Wo befindet sich der Empfänger jetzt?
- Erfahrung = Was versteht der Empfänger jetzt?

- Revidierter Lehrplan = Was sage ich dem Empfänger jetzt?
- Verkündigung auf Stufe 2

Die einzelnen Schritte des ZPV (Zyklus prophetischer Verkündigung) können und müssen in unterschiedlichen Formen und an verschiedenen Orten vollzogen werden. So gehört die Vermittlung der prophetischen Vision in den Lehr-Gottesdienst oder das Lehr-Seminar der Gemeinde. Sie kann aber auch durch persönliches Mentoring weitergereicht werden. Die Kontextanalyse ist eher im Rahmen persönlicher Beobachtung und im Gespräch in einer kleinen Gruppe möglich. Erfahrungen wird man im Rahmen von Gottesdiensten und in persönlichen Begegnungen sammeln, und Training geschieht in Seminaren und persönlicher Begleitung. Im Schema dargestellt, könnte prophetische Verkündigung in der Gemeinde wie folgt ablaufen:

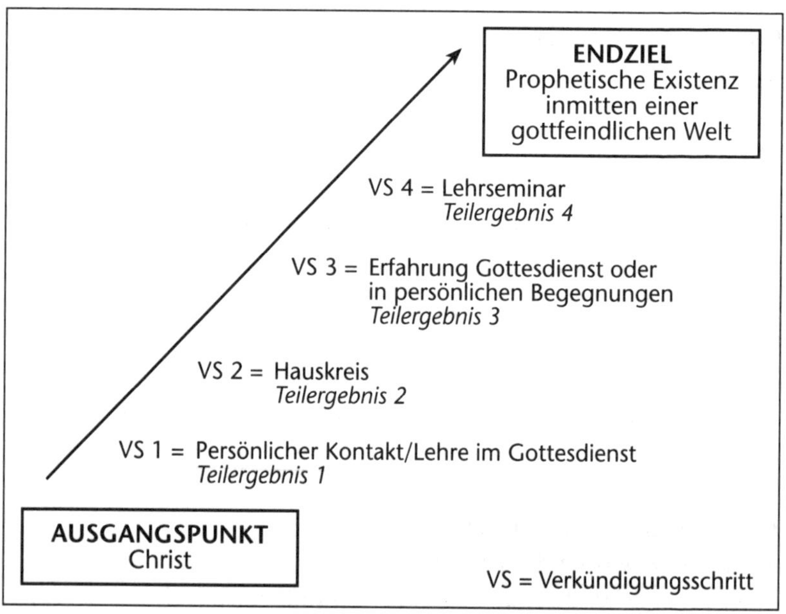

Lehrplan: Prophetische Verkündigung

Fazit: Kerygmatische Leitung in prophetischer Verkündigung ist für die Bereitstellung von Räumen, in denen die Zyklen prophetischer Verkündigung ablaufen können, und das dazu notwendige Mitarbeiterpotential verantwortlich. Sie stellt sicher, dass die ursprüngliche Vision verstanden wird und im Blickfeld bleibt.

3.5 Leiten durch seelsorgerliche Verkündigung

3.5.1 Anleitung zum Leben als Aufgabe kerygmatischer Seelsorge

Wenn christliche Verkündigung die Umgestaltung des Lebens von Menschen nach dem Willen Gottes zur Aufgabe hat, dann ist diese Aufgabe vor allem seelsorgerlich zu beschreiben.[95] Paulus bringt diese Tatsache in folgenden Worten zum Ausdruck: „Ihn verkündigen wir, indem wir mit aller Weisheit jeden Menschen zurechtweisen“ (Kol 1,28). Im Text sind nun beide Begriffe zusammengeführt – Verkündigung (griech. *kataggello*, was so viel wie öffentliche Proklamation bedeutet[96]) und Zurechtweisung (griech. *nouteteo* = ein Begriff, der am besten mit „den Sinn zurechtrücken“ übersetzt ist und sich auf die Weisung zur konkre-

[95] Seelsorge ist die Sorge um das Heilwerden und Heilsein des Menschen vor und durch Gott. Als solche ist sie immer „fürsorglich“ motiviert (2Kor 11,28; 12,25), wobei die Kraft dazu aus der Bruderliebe kommt (1Joh 2,7-10; 1Tim 5,1; 1Thess 5,11). Sie hat das Freisein vom Sorgenmüssen zum Ziel (Mt 6,25; 1Petr 5,7). Dieses Ziel, auch als Heilszustand begriffen, ist nur im Herrn (Eph 6,4) und durch Jesus Christus zu erreichen (Apg 4,12).

[96] Siehe hierzu Gnilka 1991:103.

ten Umsetzung des Willens Gottes im Alltagsleben bezieht) (Gnilka 1991:103).[97]

Für Paulus zielt christliche Verkündigung auf die Veränderung und Transformation des Sinnes und der Lebenspraxis seiner Zuhörer. Dieser Zusammenhang wird in der Praktischen Theologie seit langem gesehen. So erkannten die Schweizer Reformatoren die eigentliche pastorale Aufgabe in der Verkündigung, die das geistliche Wohlbefinden des Christen im Blick hat. Sowohl Huldrych Zwingli[98] als auch Martin Bucer[99] haben dazu Stellung bezogen. Ähnliches findet sich in den Schriften der Anabaptisten, vor allem in den Schriften Menno Simons.

In der neueren Seelsorgelehre wird der Zusammenhang zwischen Seelsorge und Verkündigung vor allem in der kerygmatischen Seelsorge betont. Eduard Thurneysen (1968:27f) drückt diesen Zusammenhang aus der Sicht eines Seelsorgers wie folgt aus:

„Es geschieht ... in der Seelsorge nichts anderes, als was in jeder Art von Verkündigung in der Gemeinde geschieht. Das Evangelium wird ausgerichtet, nun aber in der besonderen Gestalt des seelsorgerlichen Dienstes, der im Gespräch und Fürbitte sich vollzieht. Sie ist also Verkündigung. Aber nun darf diese Feststellung auch umgekehrt werden. Verkündigung in jeder Gestalt ist immer auch Seelsorge.“

---

[97] Zur Diskussion des Begriffs und seine Bedeutung für die Theorie der Seelsorge siehe die Ausführungen bei Adams 1972:39ff.

[98] Huldrych Zwingli schrieb 1524 „Der Hirt“, eine intensive Auseinandersetzung mit der Aufgabe des Hirten als seelsorgerliches Wächteramt. Siehe dazu die Darstellung bei Ziemer 2000:62f.

[99] Vor allem in seiner 1538 herausgegebenen Schrift „Von der wahren Seelsorge nach dem rechten Hirtendienst wie derselbige in der Kirche Christi bestellet und verrichtet werden sollte“. Siehe dazu Ziemer 2000: 63f.

Rudolf Bohren (1962:15) sah in der Seelsorge gar das eigentliche Zentrum der Verkündigung, „das A und O der Predigt". Jede Predigt sollte danach seelsorglich ausgerichtet sein. Und Wilfried Engemann (2002:63) warnt davor, die „Primärfunktion der Predigt, mit Menschen unter den Bedingungen des Reiches Gottes über ihr Leben in dieser Welt zu reden, und in diesem Sinne selbst ein besonderer Akt der Seelsorge zu sein", nicht aus dem Auge zu verlieren.

Freilich ist man heute eher auf Distanz zu der so genannten kerygmatischen Seelsorge gegangen, wie sie einst die großen Seelsorgetheoretiker Hans Asmussen und Eduard Thurneysen vertreten haben. An die Stelle der kerygmatischen ist die beratende Seelsorge getreten, anstelle einer Begründung der Seelsorge aus der Theologie eine psychologische Begründung.[100] Christian Möller erblickt die Ursache für diese Entwicklung in der Tatsache, dass sich zeitgenössische Homiletik zu stark am Begriff des Kerygma orientiert hat. Rückt man dagegen die Paraklese in den Mittelpunkt der Verkündigung, so kann man das Predigtgeschehen nicht anders als Seelsorge begreifen. Möller (1983:72): „Seelsorgerliche Predigt ist parakletisches Reden." Und weiter: „Bei der Paraklese geht es um das, was eine Predigt zur seelsorgerlichen Rede macht, nämlich um Trösten, Mahnen, Bitten, Einladen und Herbeirufen" (1983:73).

Es kann nicht unsere Aufgabe sein, im Rahmen dieser kurzen Einführung das Pro und Kontra dieser Entwicklung zu diskutieren. Fest steht jedoch, dass der pastorale Hirtendienst, biblisch-theologisch gesehen, Seelsorge nicht ohne Einbeziehung

---

[100] Eine Reihe von Veröffentlichungen scheint hier eine Trendwende anzudeuten. Siehe hierzu: L. Ramsey, *Care-full Preaching.* St. Louis 2000; D. Capps, *Pastoral Counseling and Preaching.* Philadelphia 1980; Chr. Möller, *Seelsorgerlich predigen. Die parakletische Dimension von Predigt.* Göttingen 1983.

der Verkündigung verstehen kann. Gottes Kraft, die den Menschen verändert und sein Leben transformiert, ist nichts anderes, als die Kraft Seines Wortes zu verstehen. Pastorale Betreuung der Gemeinde wird nicht ohne seelsorgliche Verkündigung auskommen können.[101]

Das wichtigste Mittel der Seelsorge ist das Wort Gottes. Jesus macht dies mit seinem Wort unmissverständlich klar: „Ihr werdet die Wahrheit erkennen und die Wahrheit wird euch frei machen" (Joh.8,32). Was anders ist denn die Wahrheit, wenn nicht Gottes Wort. Und was anders ist Befreiung, wenn nicht seelsorgerliches Geschehen! Auch an anderer Stelle wird die Bedeutung des Wortes für die Zurechtweisung des Menschen unterstrichen (Röm 1,16; 2Tim 3,16).[102]

Jay Adams (1998:138) fasst das Ergebnis seiner Untersuchungen zur Korrelation von Verkündigung und Seelsorge mit folgenden Worten zusammen:

„Verkündigung und Seelsorge stehen in enger Beziehung zueinander. Das für jeden Dienst innerhalb der Gemeinde erforderliche Bibelstudium kann durch die regelmäßige Tätigkeit des Predigens, in der ein Bibeltext ausgelegt und angewendet wird, sehr bereichert werden. Gleichzeitig erhält die Art des Predigens durch die praktische Seelsorge einen ganz anderen, viel persönlicheren Charakter. Eine Predigtweise, die nichts von der praktischen Umsetzung biblischer Prinzipien in der Seelsorge, d.h. im Leben einzelner Menschen weiß, wird kaum zu positiven Veränderungen innerhalb der Gemeinde führen. Diese wechselseitige

---

[101] Siehe hierzu entsprechende Begründung in: Möller 1983; Adams 1982.

[102] Bezeichnenderweise spricht man heute – nach der vernichtenden Kritik, die vor allem in den 70-80er Jahren in Bezug auf die kerygmatische Seelsorge geäußert wurde – wieder wohlwollender von ihr. Entwürfe wie die von Möller 1983, Bukowski 1996 oder auch die Analyse von Ziemer 2000:81-83 scheinen den biblischen Anspruch der kerygmatischen Seelsorge wieder stärker verstehen zu können.

Wirkung von Predigt und Seelsorge ist darauf zurückzuführen, dass eben Predigen und Seelsorge als zwei verschiedene Aspekte ein und desselben Dienstes am Wort Gottes von Gott selbst zu einer Einheit zusammengefügt wurden."

Der Seelsorger Adams, bekannt durch seine vielen Werke zum Thema Seelsorge,[103] versteht sich zugleich als Seelsorger und Verkündiger. Seelsorge und Verkündigung gehören wesentlich zusammen, obwohl sie nicht immer das gleiche intendieren. Verkündigung ist nicht immer Seelsorge, genau so wenig wie Seelsorge jede Art von Verkündigung in sich aufzunehmen vermag. Seelsorgerliche Verkündigung hat ihren besondern Auftrag und damit auch einen Platz in der Gemeinde Jesu.

Wie kann aber kerygmatische Seelsorge in der Gemeinde praktiziert werden? Wie werden Gemeindeglieder durch seelsorgliche Verkündigung angeleitet? Was sind die wichtigsten Bausteine einer praktizierten seelsorgerlichen Leitung durch Verkündigung?

Einer der frühen Väter der kerygmatischen Seelsorge, Hans Asmussen, der gegenüber Eduard Thurneysen stärker den erzieherischen Aspekt der Seelsorge betonte, erkannte im pastoralen Dienst des Gemeindepastors den eigentlichen Seelsorger der Gemeinde, wobei er sich gegen den Begriff Seelsorge wehrte und eher von „Seelenführung" (Asmussen 1935:71) sprach. Damit hat Asmussen die Aufgabe der kerygmatischen Leitung in der Seelsorge genau definiert. Es geht nicht weniger als darum: Menschen zu führen, sie zum Leben anzuleiten, und zwar in allen Bereichen, in denen es um die Erneuerung des Glaubenden geht (Röm 12,1–2).

---

[103] In evangelikalen Kreisen Deutschlands sind vor allem seine Werke „Befreiende Seelsorge" (Adams 1972) und das „Handbuch zur Seelsorge" (Adams 1976) weit verbreitet.

3.5.2 Der Hirte als kerygmatischer Leiter

Kerygmatische Leitung in seelsorgerlicher Verkündigung ist nach Epheser 4,11 vor allem eine Aufgabe des Hirten.[104] Er ist es, der die Gemeinde zu einem seelsorgerlichen Miteinander führt, das Paulus mit folgenden Worten beschreibt:

„Was euch betrifft, meine Brüder, bin ich überzeugt, dass ihr voller Güte seid, erfüllt mit aller Erkenntnis und fähig, einander zu ermahnen“ (Röm 15,14).

Paulus spricht hier von der ganzen Gemeinde. Für ihn ist Seelsorge daher auch nicht nur eine Sache gewisser Spezialisten in der Gemeinde. Alle Gemeindeglieder sind dazu aufgerufen, einander zu ermutigen und zu ermahnen (Kol 3,16).[105] Ziemer (2000:122) drückt es in Anlehnung an Dietrich Bonhoeffer treffend aus: „Die Gemeinde ist Ort der Liebe und des ‚Füreinanderwirkens‘, sie ist in diesem Sinne der Leib Christi.“

---

[104] So schon sehr früh in der Reformatorischen Theologie gesehen. Siehe Zusammenfassung bei Ziemer 2000:62ff.

[105] Siehe hierzu die Ausführungen von Bohren 1979:129-142; Adams 1972:52ff; Ziemer 2000:121f.. Dass die Gemeinde der primäre Ort der Seelsorge ist, kann nicht genug betont werden, gerade in Zeiten zunehmender Professionalisierung der seelsorgerlichen Dienste der Kirche. Ziemer (2000:123) ist unbedingt Recht zu geben, wenn er das Primat der Gemeindeseelsorge jedem anderen Angebot voranstellt: „Dass die Gemeinde der primäre Ort der Seelsorge ist, daran muss auch festgehalten werden, wenn von speziellen Seelsorgediensten – im Krankenhaus, im Gefängnis, bei sozialen und psychologischen Beratungsstellen – die Rede ist. Diese werden in der sich immer mehr differenzierenden Gesellschaft zunehmend wichtig, aber sie werden auf Dauer nur gedeihen auf dem Wurzelboden der Gemeindeseelsorge. Wenn hinter den seelsorgerlichen und beraterischen Tätigkeiten der Kirchen nicht mehr lebendige Koinonia-Erfahrungen in den Gemeinden oder Gemeindegruppen stehen, dann wird diesen über kurz oder lang der Atem ausgehen, weil der ‚geistliche Kraftanschluss‘ fehlt. Je mehr dies gegeben ist, je mehr die Seelsorge in der Gemeinde als dem Ort gelebten Glaubens verankert ist, um so aussichtsreicher wird es sein, Seelsorge dort praktizieren zu können, wo Menschen sie brauchen und sich vielleicht sogar danach sehnen, obwohl sie sich innerlich und äußerlich von der Kirche weit entfernt haben. Seelsorge für die Welt setzt die Gemeinde als Ort der Seelsorge voraus.“

Daneben weiß aber auch Paulus von der besonderen Gabe des Ermahnens (Röm 12,8). Nicht alle Glieder werden mit dieser besonderen Gabe beschenkt und nicht alle sind berufen, den Hirtendienst zu tun (Eph 4,11). Während alle berufen sind, seelsorgerlich miteinander zu leben, sind einige besonders ausgerüstet, Menschen zu ermutigen und zurechtzuweisen.

Seelsorge kann ein überaus komplexes Unterfangen sein. Wer Menschen in ihren so unterschiedlichen Lebenswelten zum Leben im Glauben, zur inneren Reife und zu einer im Wort Gottes verwurzelten Identität anleiten will, der wird sich bald mit der überaus verwinkelten und verschachtelten Innenwelt der menschlichen Seele konfrontiert sehen. Hier ist „seelsorgerliche Kompetenz" (Ziemer 2000:182) gefragt. Nach Epheser 4,11 ist es die Aufgabe des Hirten,[106] Gemeindegliedern die nötige Kompetenz zur Seelsorge zu vermitteln und Freiräume für die Seelsorge in der Gemeinde zu schaffen. Es ist völlig klar: Wer Menschenseelen „versorgen" will, dessen Seele muss selbst „versorgt" sein.

Ziemer (2000:182–185) konkretisiert seelsorgerliche Kompetenz[107] in folgenden Kategorien:

- Personenkompetenz,
- kommunikative Kompetenz,
- hermeneutische Kompetenz,
- geistliche Kompetenz und
- Theoriekompetenz.[108]

---

[106] Eine hilfreiche Diskussion der Beziehung zwischen dem biblischen Konzept des „allgemeinen Priestertums" und dem Hirten-Amt in der Kirche findet sich bei Uhsadel 1966:35ff.

[107] Ziemer (2000:182) beschreibt hier die so genannte Fähigkeitskompetenz, die er bewusst von der Zuständigkeitskompetenz, die einem Hirten durch Ordination oder besondere Geistbegabung gegeben wird, unterscheidet.

[108] Etwas einfacher drückt es Gangel (1981:168) aus. Er beschreibt die allgemeinen Qualifikationen eines Leiters als Seelsorger in folgenden sieben Kategorien: 1.Er sollte seine Gefühle kontrollieren können. 2. Er sollte zuhören können. 3. Er sollte sich als guter Freund beweisen. 4. Er sollte lernen, katalytische Fragen zu stellen. 5. Er sollte lernen,

Mit anderen Worten – der Seelsorger sollte sein:

- Eine reife Persönlichkeit;
- Kommunikationsfähig;
- Ein Menschenkenner und -analytiker;
- Geistlich eingestellt, d.h. eine persönliche Beziehung zu Gott haben;
- Sachkundig in Fragen der Theologie und Psychologie, oder besser im Wort Gottes und Menschenkunde.

Es wäre allerdings falsch, eine Kompetenz-Hierarchie in dieser Liste zu erblicken. Alle Bereiche sind wichtig. Weder kann eine unreife Person effektiv Seelsorge treiben, noch wird es jemand tun, der unfähig ist, ein Gespräch zu führen. Wie sollte man Menschen auch helfen können, wenn man unfähig ist, ihr Problem zu erkennen. H. Tacke fordert mit Recht vom Seelsorger „ein feines Gehör zum Vernehmen des Hilferufes".[109]

Der Hirte ist also ein Mensch, der über Fähigkeiten verfügt, das komplexe Unternehmen Seelsorge Wirklichkeit werden zu lassen. Und Fähigkeiten sind ja immer beides: Sie werden Menschen verliehen und geschenkt, aber sie werden auch in fleißiger Arbeit erworben. So ist der Hirte ein charismatisch Begabter, der sich das nötige Grundwissen in Theorie und Praxis angeeignet hat.

Der kerygmatische Hirte ist jedoch vor allem anderen ein verkündigender Leiter. Der Hirte hilft, indem er predigt. Der Hirte tröstet, indem er das Wort Gottes austeilt. Christian Möller (1983:77) weist darauf hin, dass man im Judentum zwei Bedingungen für den Trost kannte: 1. Die Kenntnis der Heiligen

---

Sachen in totaler Perspektive zu sehen. 6. Er sollte sich vor der Versuchung hüten, als Berater missbraucht zu werden. 7. Er sollte Freund bleiben, egal wie sich der Seelsorge Suchende verhält.

[109] H. Tacke, *Glaubenshilfe als Lebenshilfe.* Neukirchen 1975, S. 92ff.

Schrift und 2. das eigene Getröstetsein. In diesen beiden Begriffen finden die seelsorgerlichen Kompetenzen eines Hirten ihre wahre Zuspitzung. Der Hirte kennt den Willen Gottes und er hat daraus selbst Trost empfangen. Er kennt die Quelle der Hilfe und auch die Wege zur Quelle zu gelangen. Martin Luther spricht von der „Läufigkeit in der Schrift“ (Möller 1983:77) als Voraussetzung zur Seelsorge.

Der Hirte ist also ein Mensch des Wortes. Er kennt das Wort als Quelle der Lebenshilfe und er weiß es weise zu vermitteln. Er hört den Hilferuf seiner Glieder und eilt ihnen helfend entgegen. Christian Möller konstatiert dazu: „Man wird erst dann wirklich seelsorgerlich predigen können, wenn man den biblischen Text zu den Hilferufen aus der Gemeinde in Beziehung gesetzt hat“ (1983:74).

3.5.3 Was tut ein Gemeindehirte?

Wie leitet er seine Hörer zum Glauben? Wie nutzt er dazu das parakletisch-nouthetische Potential der Gemeinde? Wie setzt er die in der Gemeinde vorhandenen Gaben ein?

a) Ein Hirte formuliert eine Vision des geistlichen Wachstums

Der Älteste als Hirte beginnt seine Arbeit in der Gemeinde, indem er klare Vorstellungen von der geistlichen Reife eines Christen hat. Was ist das biblische Ideal eines Jüngers Jesu, der zur „vollen Mannesgröße“ seines Meisters herangewachsen ist (Eph 4,13f)? Wie denkt und wie lebt er? Wie sieht sein Lebensstil aus, wie seine Beziehungen?

Der Hirte muss eine Vision von diesem biblischen Ideal haben. Wer anleiten will, wer geistliches Wachstum fördern möchte, der sollte das Ziel kennen, auf das hin gearbeitet wird, zu dem geleitet wird.

Diese Vision kommt aus der Heiligen Schrift. „Seelsorge ist theologische Praxis“ (Ziemer 2000:187), daher kann sie auch nur theologisch begründet werden. Der kerygmatische Leiter des Hirtendienstes der Gemeinde wird dafür zuständig sein, eine Vision vom reifen Christen zu entwickeln, die den „vollendeten Mann“ (Eph 4,13) zum Ziel hat, „damit“, wie Paulus schreibt, „wir nicht mehr unmündig seien und uns von jedem Wind einer Lehre bewegen und umhertreiben lassen durch trügerisches Spiel der Menschen, mit dem sie uns arglistig verführen“.

b) Ein Hirte kann seine Hörer richtig einschätzen

Seelsorgerliche Verkündigung setzt die persönliche Begegnung mit den Hörern voraus. Nur in den Begegnungen mit Menschen können persönliche Befindlichkeiten, Bedürfnisse und Nöte, Glaubensstand und die Tiefe der Beziehung zu Gott ermittelt werden. J. Schieder (1957:79) verlangt daher mit Recht vom Gemeindehirten die Fähigkeit zu einer „Exegese der Gemeinde“. Dies Kennenlernen der Gemeinde geschieht in Begegnungen mit den einzelnen Gemeindegliedern, die er in ihrer Lebenswelt aufsucht und dadurch mit ihren Verhältnissen vertraut wird.

Als kerygmatischer Seelsorger werde ich mich also fragen müssen: Wo steht mein Hörer jetzt? Wo kann ich ihn auf dem Weg der Heiligung abholen? Wie weit ist er auf dem Weg des geistlichen Wachstums gekommen? Das sind wesentliche Fragen einer pastoralen Bestandaufnahme in der Gemeinde. Ein guter Hirte wird sich solche Fragen stellen. Dabei bietet ihm folgende Skala, die die geistliche Entwicklung eines Christen in sieben sinnvolle Schritte einteilt, einen systematischen Zugang:

- Erste Schritte im Glauben: Buße, Umkehr, Gebet, Bibellesen, u.Ä.
- Verständnis von Jüngerschaft und Gemeinde, Taufe.
- Verständnis von geistlichem Verhalten und biblischer Ethik. Bewusstes Einüben des neuen Lebensstils.

- Verständnis vom Wesen geistlicher Gaben und Aufgaben in der Gemeinde. Gabe entdecken und annehmen.
- Verständnis von geistlicher Verantwortung und Haushalterschaft. Übernahme erster Verantwortung in der Gemeinde.
- Verständnis von geistlicher Disziplin. Bewusstes Einüben geistlicher Verhaltensweisen.
- Verständnis von Mitarbeit im Reiche Gottes. Einsetzung als Mitarbeiter.

Der Prozess des geistlichen Wachstums:

GOTT	HIRTE		CHRIST
Überführung	Verkündigung	+1	Erste Schritte im Glauben
		+2	Taufe – Eingliederung
		+3	Neues Verhalten einüben
		+4	Gabe – Aufgabe entdecken
		+5	Haushalterschaft lernen
		+6	Geistliche Disziplin einüben
	FÜRSORGE	+7	Mitarbeiter geworden
HEILIGUNG			NACHFOLGER JESU

Schritte des geistlichen Wachstums in der Gemeinde

c) Ein Hirte benennt seine Helfer

Seelsorge im Neuen Testament ist eine Sache des ganzen „Leibes Christi"; sie kann nicht von einem Spezialisten allein getan werden. Der verantwortungsbewusste Hirte wird daher die Frage nach dem vorhandenen Seelsorge-Potential in der Gemeinde stellen. Ihn interessiert daher beides – wo befindet sich die Gemeinde und wer kann als Seelsorger und Seelsorgehelfer eingesetzt werden? Im Bilde gesprochen ist ein guter Hirte immer mit zwei Fragen beschäftigt: Wo sind die Schafe und wer sind die Leithammel? Nur so kann Seelsorge im gelebten Alltag der Gemeinde stattfinden.

GEMEINDEHIRTE

Wo sind die Schafe? **Wo sind die Leithammel?**

d) Der Hirte stellt einen der Gemeinde angepassten Verkündigungsplan auf

Ist die biblische Vision formuliert, der Ist-Zustand der Gemeindeglieder und das seelsorgerliche Potential festgestellt, kann die Arbeit an einem Verkündigungsplan beginnen, der den Bedürfnissen der Gemeinde angepasst ist.

Ein solcher Plan versteht Verkündigung als mehrschichtiges Ereignis. Seelsorgerliche Verkündigung kann nicht allein im Sonntagsgottesdienst geschehen. Sie wird sich auch im persönlichen Gespräch, in der Gruppe (z. B. im Hauskreis), in speziellen problemorientierten und themenzentrierten Seminaren ereignen.

e) Der Hirte betreut die verschiedenen seelsorgerlich Tätigen

Gerade bei dieser Aufgabe versagen die meisten Hirten in der Gemeinde. Statt die Seelsorge in der Gemeinde zu leiten, lassen sie sich oft „bis über beide Ohren“ selbst in Einzelseelsorge verwickeln. Damit sind sie dann bald zwar gefragte Seelsorger, doch leider keine Leiter mehr. Ihre Mühen werden sich in Einzelfällen auszahlen, doch Gemeindeseelsorge als Aufgabe vieler seelsorglich Begabter kommt bald zum Erliegen.

Diese Gefahr im Blick, sollten Hirten sich vor allem aufs Mentoring konzentrieren. Ein Hirte für die anderen Hirten – das ist ihre wahre Berufung. Sie setzen einen Seelsorge-Plan in Gang. Diesen Plan in Bewegung zu setzen, seine Ausführung kritisch zu begleiten und die wichtigsten Akteure zu betreuen – das ist eine überaus große Aufgabe eines leitenden Gemeindehirten.

3.5.4 Der Zyklus seelsorgerlicher Verkündigung

Gemeindepläne sind zeitgebunden. In einer missionarischen Gemeinde ist nichts so sehr im Fluss wie die Seelsorge. Pläne müssen angepasst werden – Zyklen können bestehen, weil sie grundsätzlicher Natur sind. Aus dem vorher Gesagten ergibt sich ein Verfahren, das hier „Zyklus seelsorgerlicher Verkündigung" (ZSV) genannt wird. Dieser Zyklus umfasst folgende Schritte:

- Vision = Was ist die Botschaft?
- Kontext = Wo ist der Empfänger?
- Text = Was versteht der Empfänger?
- Kontextualisierung = Was sage ich wann und wo?
- Verkündigung auf Stufe 1
- Ergebnis = Was habe ich erreicht?
- Vision = Was ist die Botschaft?
- Kontext = Wo befindet sich der Empfänger jetzt?
- Text = Was versteht der Empfänger jetzt?
- Kontextualisierung = Was sage ich dem Empfänger jetzt?
- Verkündigung auf Stufe 2
- ....

In ein Schema gebracht, sieht der ZSV wie folgt aus:

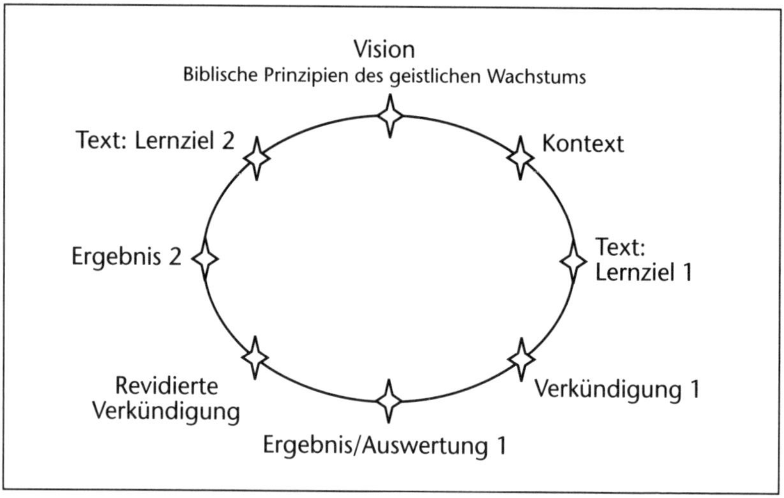

Zyklus seelsorgerlicher Verkündigung (ZSV)

3.5.5 Wo findet seelsorgerliche Verkündigung statt?

Seelsorge – recht verstanden – ist immer ein Gemeindeereignis. Sie muss daher auch in allen Lebensbereichen der Gemeinde gewollt sein und praktiziert werden. Und da Seelsorge ohne Verkündigung undenkbar ist, ist auch seelsorgerliche Verkündigung auf allen Kommunikations-Ebenen in der Gemeinde zu verwirklichen.

a) Das seelsorgerliche Gespräch

Da ist zunächst das persönliche Gespräch zu nennen – die Hauptfläche, auf der Seelsorge stattfindet. Eduard Thurneysen (1957:94) nannte das seelsorgerliche Gespräch eine Weise der Verkündigung. Dabei geht es nicht um ein „Anpredigen“ des Seelsorgesuchenden, sondern darum, sich dem Anspruch des

Wortes Gottes zu stellen. Und das tun beide – der Seelsorger wie der Hilfesuchende.
Alle Versuche, den Verkündigungsinhalt aus dem Seelsorgegespräch zu nehmen, müssen sich notgedrungen am Anspruch biblischer Seelsorge vorbei entwickeln. Was bleibt, ist dann oft nur noch gute menschliche Beratung, die nicht notwendigerweise falsch sein muss,[110] aber keinen Glauben ermöglicht. Ein bloßes Gespräch ist noch keine Seelsorge,[111] und Seelsorge ist nicht einfach mit jedem Gespräch zu identifizieren.[112] Der Glaube kommt aus der Verkündigung (Röm 10,17: „aus dem Hören“)!

b) Seelsorge in der Gruppe

Die Fixierung seelsorgerlicher Verkündigung auf das Einzelgespräch, so wichtig dieses ist, erweist sich über kurz oder lang jedoch als problematisch. Seelsorge in der Gemeinde ist vor allem ein soziales Geschehen. Die Gemeinde Jesu wird als „ein Leib“ beschrieben. Somatische Strukturen sind aber auf das Zusammenspiel aller Glieder angewiesen (Eph 4,15–16). Wie sonst sollte da z. B. eine hermeneutische Kompetenz aufgebaut werden, die tiefer blickt als nur das, was dem bloßen Auge oder der menschlichen Erfahrung zugänglich ist? In einer biblisch ausgerichteten Gemeinde stehen dafür mehrere Geistesgaben zur Verfügung: das Wort der Offenbarung, das Wort der Weisheit und die Weissagung (1Kor 12,8ff). Andere Charismen kommen hinzu. Nur selten, wenn überhaupt, wird man alle diese Gaben in einer Person wiederfinden. Biblische Seelsorge, die sich der Transformation jedes Christen in das von Gott gedachte Bild ver-

---

[110] Siehe zur Diskussion: Ziemer 2000:150ff; Scharfenberg 1972:35ff; Schwermer 1991; Ruthe 1993.
[111] So Nicol 1990:162
[112] Siehe dazu den Versuch Scharfenbergs (1972:35ff), der Sprache des Gesprächs selbst eine gewisse heilende seelsorgerliche Wirkung zuzuschreiben.

schreibt, kann daher nur als kollektives, prozessuales Geschehen verstanden werden. Sicher spricht man persönliche Fragen nicht immer in der Gruppe an. Sicher müssen intime Räume als solche gewahrt bleiben. Aber außerhalb dieser „Intim"-Sphären einer Persönlichkeit ist viel Platz für die Gruppe und das Kollektiv.

Nicht von ungefähr geschah das geistliche Wachstum der ersten Christen vor allem im *oikos*, der Hausgemeinde (Apg 2,42ff; Röm 16 u.a.).[113] F.V. Filson (siehe Gehring 2000:15f) wies bereits 1939 nach der Entdeckung der Hauskirche in Dura Europos[114] darauf hin, dass es erst die Hauskirche war, die der Gemeinde erlaubte, spezifisch christliche Gottesdienste zu feiern. Die Gemeinde versammelte sich hier in einer engen familiären Umgebung, was wahrscheinlich auch eine Erklärung für die häufige Erwähnung des Familienlebens im Neuen Testament bietet (:16). Und familiäres Miteinander ist bekanntlich seelsorgerliches Miteinander.

Die weltweite Gemeinde ist gerade dabei, das Haus (*oikos*) als den eigentlichen Platz geistlichen Wachstums wiederzuentdecken. Robert Banks (1998:1f) nennt das Phänomen eine Revolution. Überall in der Welt scheinen christliche Gemeinden neu die Hausgemeinde als einen wichtigen Ausdruck ihres Glaubens entdeckt zu haben. Gemeinden werden in „Hauszellen" aufgeteilt, sie definieren sich neu als „Hauskirche".[115] In diesen „Hauszellen" geschieht seelsorgerliche Verkündigung.

Neben Hausgemeinde, Hauskreis oder Hauszelle ist auch an

---

[113] „Nahezu alle Erforscher des Neuen Testaments stimmen heute an einem Punkt überein: die frühen Christen haben sich überwiegend in den Häusern einzelner Mitglieder versammelt." Dieses Urteil Roger W. Gehrings (2000:13) fasst treffend das Ergebnis der Erforschung von Versammlungsräumen in den ersten drei Jahrhunderten der Christenheit zusammen. Es ist die „Zeit der Hauskirchen" (Rordorf 1964:111; Gehring 2000:17). Siehe auch Pompe 1996.

[114] Siehe dazu Grundrisse in: Gehring 2000:508ff.

[115] Garrison 1999:35, siehe auch: Simson 1999; Scoggins 2002.

andere Gruppen in der Gemeinde zu denken, die hervorragende seelsorgerliche Hilfe bieten können.

c) Seelsorgerliche Seminare

Seelsorge kann gelegentlich schwierig und komplex sein. Jede Gemeinde kennt solche Fälle. Da verliert ein junger Vater seinen einzigen Sohn. Ein Jahr zuvor verstarb seine Frau an Krebs. Da lassen sich langjährige Mitarbeiter der Gemeinde unerwartet scheiden. Da verfällt eine Mutter der Alkoholsucht, oder ein Teeny aus der Gemeinde begeht Selbstmord. Solche Schwierigkeiten stehen auf der Tagesordnung einer vom Zeitgeist bedrohten Gemeinde. Wie geht man damit um? Wie muss Verkündigung in solchen Fällen aussehen?

Als Gemeindepastor stand ich schon oft vor solchen Fragen. Aus heiterem Himmel traf mich die Nachricht, dass die allseits geschätzte Mitarbeiterin, Schwester S., mit mehreren Messerstichen von ihrem Schwiegersohn ermordet worden war. Was sollte ich den Leidtragenden sagen? Womit sollte ich sie und auch die Gemeinde trösten? In solchen Fällen ist besondere Weisheit erforderlich – menschliche und göttliche Weisheit.

Für die seelsorgerliche Verkündigung ergibt sich daraus die Forderung nach Seminaren zur Seelsorge an Menschen mit besonderen Erfahrungen. Es müssen nicht nur extreme Erfahrungen sein, aber Themen wie Liebe und Freundschaft, Ehe und Ehescheidung, okkulte Bindungen und Befreiung, Lebenskrisen unterschiedlichster Art, Trauerfälle, altersbezogene Seelsorge etc. sollten in gesonderten Seminaren behandelt werden. Hilfreich ist auch der Besuch von Sonderveranstaltungen in anderen Gemeinden und Angebote entsprechender Seelsorge-Institute.

d) Seelsorge von der Kanzel

Der sonntägliche Gottesdienst ist ein idealer Ort für eine seelsorgerlich ausgerichtete Verkündigung. Sie muss allerdings so sein, dass sich viele angesprochen wissen. Das müssen nicht nur Vorfälle sein, die Krisen in der Gemeinde heraufbeschworen haben und nun im Licht von Gottes Wort geklärt werden. Seelsorge ist dann erfolgreich, wenn sie Fragen im Voraus klärt, Wege im Voraus absteckt und Entwicklungen da erahnt, wo sie im Entstehen sind. Seelsorgerliche Verkündigung, die so geschieht, hat etwas Prophetisches an sich.[116]

Zum anderen sollte die seelsorgerlich ausgerichtete Predigt im Gottesdienst Entwicklungen aufzeigen, die in Einzelgesprächen wie auch in Gruppen weiter bedacht und in die Situation des Einzelnen übersetzt werden können.

e) Das Zeugnis als Verkündigung

Eine besondere Art seelsorgerlicher Verkündigung bietet das persönliche Zeugnis in der Gemeinde. Ob im Hauskreis, Altersgruppen-Treff oder im Gottesdienst, das persönliche Zeugnis beschreibt Erfahrungen, die bestes Anschauungsmaterial für Hilfesuchende liefern. Ich erlebe es bei evangelistischen Veranstaltungen immer wieder, dass Menschen in die Seelsorge kommen, die sich von solchen persönlichen Zeugnissen besonders angesprochen wissen. Wenn jemand das so erfahren hat, warum dann nicht auch ich? Im Interesse einer seelsorgerlichen Verkündigung sollte man in jedem Gottesdienst Freiräume für Zeugnisse schaffen.

Ideal ist es, wenn Zeugnisse in der Predigt aufgenommen werden und sowohl biblisch-theologisch begründet als auch ggfs. relativiert werden. Zeugnisse sind immer persönliche Erfahrungen. Sie können niemals eins-zu-eins übernommen werden. Sie regen zwar an, aber sie verführen auch zur Nachahmung. Deshalb soll-

---

[116] Siehe dazu die überaus lesenswerte Arbeit von R. Bohren zum Leben Thurneysens (Bohren 1982), die er bewusst „Prophetie und Seelsorge“ nannte.

ten Zeugnisse nicht immer unkommentiert bleiben. Im Idealfall wird solche „Kommentierung“ durch die verantwortlichen Ältesten geschehen, die hierfür große Weisheit benötigen. Denn während eine bezeugte Erfahrung für den Betroffenen etwas ganz Wichtiges ist und einen Anspruch darauf hat, ernst genommen zu werden, muss eine Anwendung auf alle Zuhörer möglicherweise eingeschränkt werden.

f) Der prophetische Zuspruch als seelsorgerliche Verkündigung

„Das war ein Wort für mich. Mein Leben war danach wie ausgetauscht.“ Solche Aussagen sind immer wieder zu hören. Menschen berichten von lebensverändernden Worten, die sie in der Predigt, in einem Seminar oder im persönlichen Gespräch gehört haben. So berichtet z. B. Jürgen von einem Seminar. „Ich weiß gar nicht mehr genau, worum es ging. Vieles war für mich völlig uninteressant. Aber dann fiel dieser eine Satz, der mich wie ein Blitz aus heiterem Himmel traf. Es war ein Wort Gottes persönlich für mich.“

Prophetisches Wort kann Sünde und Schuld aufdecken, aber auch für die Zukunft ermutigen. Es ist für die Praxis seelsorgerlicher Verkündigung von großem Wert. Jeder Seelsorger und Verkündiger sollte um diese besondere Gabe bitten.

3.5.6 Kein Patchwork

Das einzelne Gemeindeglied wird in einer kerygmatisch geleiteten Gemeinde ein geistliches Erziehungs-Programm vorfinden, das spirituelle Formation ermöglicht, indem es den Gläubigen an die Hand nimmt und Schritt für Schritt der verändernden Kraft des Wortes Gottes zuführt. Seelsorgerliche Verkündigung ist hier nicht ein Gelegenheits-Unternehmen, sondern Gemeindealltag. Es folgt zyklisch den einzelnen Schritten des ZSV.

In eine Skala gebracht, könnte dieses Programm wie folgt aussehen:

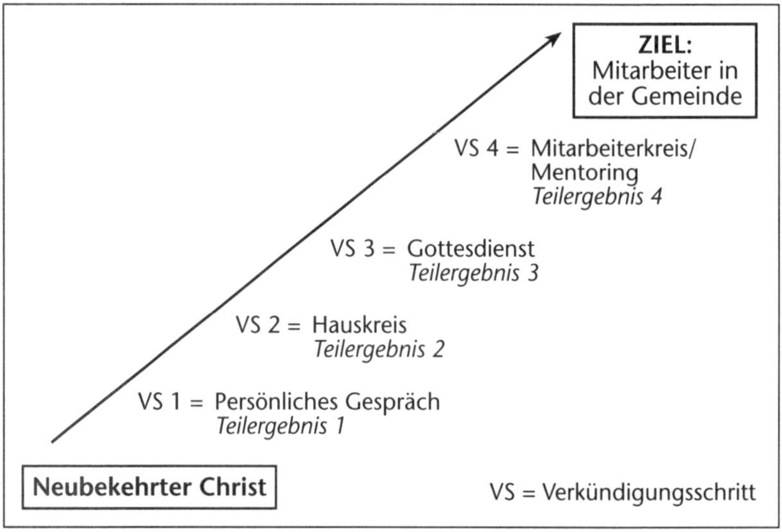

Lehrplan: Seelsorgerliche Verkündigung

Fazit: Kerygmatische Leitung in seelsorgerlicher Verkündigung ist für die Bereitstellung von Räumen, in denen die Zyklen parakletisch-nouthetischer Verkündigung ablaufen können, und das dazu notwendige Mitarbeiterpotential verantwortlich. Sie stellt sicher, dass die ursprüngliche Vision verstanden wird und im Blickfeld bleibt.

3.6 Leiten durch lehrhafte Verkündigung

3.6.1 Ohne Lehre kein geistliches Leben

Missionarische Verkündigung oder auch seelsorgliche Lebenshilfe aus dem Wort Gottes sind nur denkbar, wenn die Gemeinde Jesu festen Grund unter den Füßen hat; dieser Grund ist die biblische Lehre (Lk 1,4). In der Homiletik ist dies durch Jahrhunderte verstanden worden. So forderte Friedrich Schleiermacher (1884:379), dass man die Kirche als Schule und die Predigt als Belehrung zu verstehen habe. Dass die Belehrung nicht nur die Aufgabe der Predigt bleiben kann, sondern eher zum gesamten Erziehungsauftrag der Gemeinde gehört, versteht sich von selbst.

Wie wichtig die Lehre zum Aufbau der Gemeinde Jesu ist, wird an mehreren Schlüsselstellen des NT deutlich. Zwei davon sind von herausragender Bedeutung: Der Missionsauftrag Jesu, wie ihn uns Matthäus 28,18ff berichtet. Hier wird der Auftrag, alle Völker zu Jüngern Jesu zu machen, mit dem Aufruf verbunden: „Lehrt sie alles halten, was ich euch befohlen habe." Wie sehr die Urgemeinde sich an diese Aufforderung ihres Meisters gehalten hat, zeigt die zweite Stelle aus Apostelgeschichte 2,42: „(Die ersten Christen) blieben beständig in der Lehre der Apostel ..."

Ohne apostolische Lehre kann sich geistliches Leben in der Gemeinde Jesu nicht entfalten. Was aber ist unter dieser Lehre zu verstehen? Welche Inhalte sollen vermittelt werden? Geht es hier primär um Vermittlung von biblischen Normen und Dogmen? Oder geht es eher um „Anwendungsrezepte" für den schwierigen Lebensalltag der Christen? Die Diskussion über den Stellenwert der Lehre im Gottesdienst und Alltag der Gemeinde ist längst entbrannt.[117]

---

[117] Erdlenbruch (1980:4ff) sieht den Grund für die Lehrmüdigkeit der Evangelikalen zum einem in der Überbetonung der Erfahrung im Pietismus, zum anderen im apologeti-

Lehrhafte Verkündigung als „dogmatische Reglementierung" ist schon lange verpönt.[118] Nicht immer zu Unrecht! Aber die völlige Absage an die Lehre in der Predigt hat sich bereits zum Schaden der Gemeinde Jesu ausgewirkt (Sorg 1984:50). Prediger, die biblische Lehre an ihre Gemeinde weitergeben, sollten sich der Gefahren bewusst sein, wie sie Edge (1956:16–17) einmal so treffend formulierte: Sie sollten ihre Gemeinde weder nur mit theoretischen Konzepten konfrontieren noch sie emotional mit Momentaufnahmen bei der Stange zu halten versuchen. Gefragt sei ein ausgewogener Zugang, eine Vermittlung von Lehrinhalten, die im Kontext des Erfahrungshorizonts und der Interessen der Zuhörer stattfindet, jedoch niemals in diesem Rahmen stecken bleibt. Der Prediger als Lehrer ist dann ein guter Pädagoge, wenn er seinen Zuhörern die biblischen Wahrheiten so vermittelt, dass sie dadurch angeleitet werden, auf einer tieferen Ebene diese Wahrheiten in persönliche Erfahrungen mit Gott und mit ihren Mitmenschen umzusetzen (Edge 1956:27). Dass so etwas nicht einfach ist und viel Vorbereitung beansprucht, liegt auf der Hand. Biblische Lehre, die als Erziehung im Glauben verstanden wird, muss jeden Rahmen einer gewöhnlichen Gottesdienstpredigt sprengen.

Der Franziskaner Heribert Arens hat daher vorgeschlagen, die Predigt als Lernprozess zu verstehen (Arens 1972). Die massive Kritik dieses Konzepts durch evangelische Theologen[119] ist zwar

---

schen Verständnis der Lehre. Lehre ist hier ein Mittel zur Abwehr und Formulierung besonderer Positionen und weniger ein Erziehungsprogramm.

[118] In der Religionspädagogik beschwörte man das „Ende der normativen Pädagogik" (Buschbeck 1973:35). Die so genannte „Curriculum-Diskussion" in der religionspädagogischen Ausbildung (ebd) und damit die Hinwendung zu einer emanzipatorischen Pädagogik, die sich weniger an Normen und Dogmen, sondern an den Alltagsthemen orientierte, hatte sowohl für die evangelische Religions- und Erwachsenenbildung als auch für die Gestaltung der Lehrpredigt enorme Bedeutung.

[119] Siehe dazu die Kritik von W. Schütz (1981:215); Chr. Möller (1983:165); Horst Albrecht (1985:63).

z.T. berechtigt, stellt aber nicht die Berechtigung der von Arens behaupteten prozessualen Natur des Predigtgeschehens infrage. Erst recht nicht, wenn man die lehrhafte Predigt als Funktion kerygmatischer Leitung begreift, Lehre mit festen Zielvorstellungen verbindet und an ihrem Ende Resultate erwartet (Edge 1956:11ff, 27). Die Lehr-Predigt ist in der Tat der Ausgangspunkt jeder sinnvollen Katechese in der Gemeinde (Bizer 1972:71ff). Voraussetzung dafür ist jedoch, dass die Predigt nicht als Kanzelrede im Gottesdienst der Kirche allein, sondern als Verkündigung im Alltag des Hörers verstanden wird (Bizer 1980:75).

Eine solche Konzentration auf die sonntägliche Predigt wäre übrigens eine gefährliche Verkürzung des Lehrauftrages der Gemeinde, wie Bizer (1980:75ff) in seiner gelungenen Analyse des Kapitels „Lehrpredigt" in der weit verbreiteten Homiletik von Wolfgang Trillhaas (1964:93–107) anschaulich macht. Wenn alle Predigt zugleich auch „lehrt" (ebd:93), entsteht leicht der Eindruck, dass das Besondere der Lehrpredigt und damit auch der eigentliche Auftrag zur Lehre unscharf in den Hintergrund gedrängt werden. So würden dem Prediger echte Kriterien für eine Lehrpredigt verloren gehen, ein Vorgang, der sich verhängnisvoll auf die Vermittlung biblischer Lehre in der Gemeinde auswirken könnte.

3.6.2 Der Lehrer als kerygmatischer Leiter

Kerygmatische Leitung in lehrhafter Verkündigung ist nach Epheser 4,11 vor allem eine Aufgabe des Lehrers. Wie bereits besprochen, wird diese Aufgabe von jedem Vorsteher in der neutestamentlichen Gemeinde erwartet (1Tim 3,1). Angesichts einer so herausragenden Bedeutung biblischer Lehre verwundert es, wie wenig sich gerade im Bereich der Lehre tut und wie unerfahren viele Pastoren und Gemeindeleiter in Sachen lehrhafter Verkündigung sind. Mehrere Untersuchungen zeigen, dass die große Mehrheit der Pastoren in amerikanischen Gemeinden wenig bis gar nicht für die Aufgabe der pädagogischen Leitung vorbereitet ist (Gangel 1981:13). Im deutschsprachigen Raum wird die Situation wohl kaum besser aussehen.

Wer sind die wahren kerygmatischen Lehrer in der Gemeinde Jesu, die für einen gewissen Erfolg in geistlicher Lehrvermittlung sorgen können? Gangel (1981:37f) verlangt von einem Lehrenden vor allem „Geisterfüllung“. In der Tat ist die Fähigkeit zur Vermittlung der biblischen Wahrheit eine Gabe des Heiligen Geistes – die Gabe der Lehre (Röm 12,6–7; Eph 4,11; 2Tim 2,2). Nicht jeder Verkündiger ist begabt und berufen, die Gemeinde zu lehren.

3.6.3 Was tut der Lehrer?

Wie leitet ein Lehrer seine Hörer zum Glauben an? Wie nutzt er dazu das Lehr-Potential der Gemeinde? Was sagt die Heilige Schrift dazu? Welche Lehrer-Vorbilder können wir daraus gewinnen?

An keinem anderen Beispiel des NTs wird die Funktion eines Lehrers der Gemeinde so deutlich wie am Beispiel Jesu selbst. Er ist *der Lehrer schlechthin.* Die Worte des Nikodemus beschreiben das, was heute weitgehend Konsens ist[120]: „Meister, wir wissen, du bist ein Lehrer, von Gott gekommen“ (Joh 3,2f). Was tat dieser Lehrer, der von Gott kam und das göttliche Modell eines Lehrers abgab?

---

[120] Zu Jesus als Lehrer siehe: Erdlenbruch 1980:15ff; Wieske 1998: 29-40

a) Er legt die Heilige Schrift aus. Immer wieder zeigen uns die Evangelisten Jesus in der Synagoge die Schrift auslegen. Was seit Esra der Schriftgelehrte in Israel tat – Jesus erklärt dem Volk den Willen Gottes anhand der Schrift.
b) Er lehrt in Vollmacht. Jesus unterschied sich von den übrigen Gesetzeslehrern seiner Zeit durch seine Vollmacht. Erstaunt stellte man fest: „Er lehrt in Vollmacht und nicht wie die Schriftgelehrten" (Mt 7,29). Was machte seine Vollmacht aus? Wo Jesus lehrte – da geschahen Zeichen und Wunder. Seine Erklärungen des Willens Gottes, offenbart in der Schrift, mündeten in konkreten Erfahrungen und Konkretionen dieses Wortes im Alltag der Zuhörer.
c) Er lehrt aus der unmittelbaren Gemeinschaft mit Gott. Jesus selbst begründete seine Vollmacht mit den Worten: „Wie mich der Vater gelehrt hat, so rede ich" (Joh 8,28). Er lehrt nicht einfach systematisch-dogmatisch, sondern geführt „von oben". Er ist ein Lehrer „von Gott gekommen", nicht ein Spezialist für Gotteslehre.
d) Jesus lehrt kontextuell. Es ist schon faszinierend, wie dieser Rabbi von Gott lehrt! Zum einen benutzt er alle ihm zur Verfügung stehenden Kommunikationswege, um zu lehren. Man trifft ihn beim persönlichen Lehrgespräch mit Nikodemus (Joh 3,1ff), am Sabbat in einer Synagoge (Mt 4,23; 9,35), im Streitgespräch mit seinen Kritikern und Feinden (Mk 12,13; Mt 9,10–14) und im persönlichen Gespräch mit seinen Jüngern (Mt 5ff). Doch wo immer Jesus lehrte, er tat es im Kontext der unmittelbaren Lebenssituation. Oft nahm er diese zum Anlass und manchmal, so scheint es, führte er eine neue Situation durch den Erweis seiner übernatürlichen Kraft herbei. In der Tat sind es diese Erfahrungen der Menschen um Jesus herum, die die Fragen entstehen lassen, auf die Jesus dann antwortet.
e) Jesus hat Zeit. Immer wieder erstaunt mich, mit welcher Geduld Jesus seine oft begriffsstutzigen Jünger lehrt. Da ist eine

Sache schon so oft besprochen, da haben sie es mit eigenen Augen gesehen, wie Kranke gesund werden und Besessene frei, und doch mangelt es ihnen an Glauben und sie bringen nichts zustande. Jesus geht erneut auf sie ein und lehrt sie geduldig. Er nimmt sich die Zeit, auch für einen ungläubigen Thomas. Drei Jahre hatte dieser die Machterweise Gottes im Leben seines Meisters studieren können, ja sogar mit eigenen Augen die Auferweckung des Lazarus erlebt. Er müsste die Macht Gottes doch kennen! Und doch zweifelt er und will sichtbare Beweise der Auferstehung Jesu. Sollte Jesus nicht auf einen solchen Jünger verzichten? Anschaulich stellt Jesus sich dem Thomas dar und hilft ihm über seinen Unglauben hinweg (Joh 20,21ff).

Wir fassen zusammen:
- Ein Lehrer vermittelt die Botschaft im Wort.
- Ein Lehrer wird sich klar darüber, wer seine Hörer sind.
- Ein Lehrer begibt sich in die Welt seiner Hörer.
- Ein Lehrer formuliert eine verständliche Predigt.
- Ein Lehrer ruft zum Glauben auf und begleitet auf dem Weg des Wachstums im Glauben.

3.6.4 Wie weit sind die Hörer in ihrer Erkenntnis?

Die Aufgabe der lehrhaften Erziehung der Gemeinde hat geistliche Reife zum Ziel, d.h. eine vertiefte Fähigkeit zum Leben im Glauben. Oder wie Petrus es ausdrückt: „Wachst in der Gnade und Erkenntnis unseres Herrn und Erlösers Jesus Christus" (2Petr 3,18).

Wer sich einer solchen Aufgabe stellt, sollte wissen, wo sich der Adressat befindet. Wo steht mein Hörer jetzt? Diese Frage ist fundamental wichtig, wenn kerygmatische Leitung in Sachen Lehre ausgeübt werden soll. Kenneth Gangel (1981:39) schlägt vor, 6 Basis-Fragen bei der Analyse des Gemeindezustands zu stellen:

- Weiß der Hörer von der offenbarten Wahrheit?
- Versteht der Hörer die Wahrheit?
- Praktiziert der Hörer die Wahrheit?
- Ist der Hörer fähig, die Wahrheit auf sein eigenes Leben zu beziehen?
- Ist der Hörer fähig, die Wahrheit differenziert im Leben anzuwenden?
- Bezieht der Hörer die Wahrheit auch auf andere?

Der Lehrer stellt sich also die Frage: Wo kann ich meine Zuhörer auf dem Weg der Erkenntnis abholen? Folgende Tabelle wird ihm eine Orientierung bieten:

GOTT	LEHRER		CHRIST
Offenbarung	Verkündigung	+1	Basiswissen vorhanden
		+2	Schriftverständnis aufgebaut
		+3	Umgang mit dem Wort gelernt
		+4	Anwendung des Wortes im Alltag des Lebens begonnen
		+5	Differenzierte Anwendung im eigenen Leben gelernt
		+6	Vermittlung des Wortes an andere begonnen
	LEHRE	+7	Mitarbeiter am Wort geworden
ERKENNTNIS			BIBELFESTER NACHFOLGER

Ebenen lehrhafter Verkündigung

3.6.5 Der Zyklus lehrhafter Verkündigung

Aus der Darstellung, die aufgrund der von Gangel formulierten Fragen aufgebaut wurde, ergibt sich für die Praxis der *Zyklus lehrhafter Verkündigung* (ZLV). Er baut auf den in der Heiligen

Schrift erkannten Prinzipien auf, die in Lehrzielen ihren Niederschlag finden, und schließt die Bedürfnisse des Hörers sowie einen Plan zur Aufhebung dieser Bedürfnisse (ggfs. in mehreren Stufen) ein. Im Diagramm dargestellt,[121] würde ein solcher ZLV wie folgt aussehen:

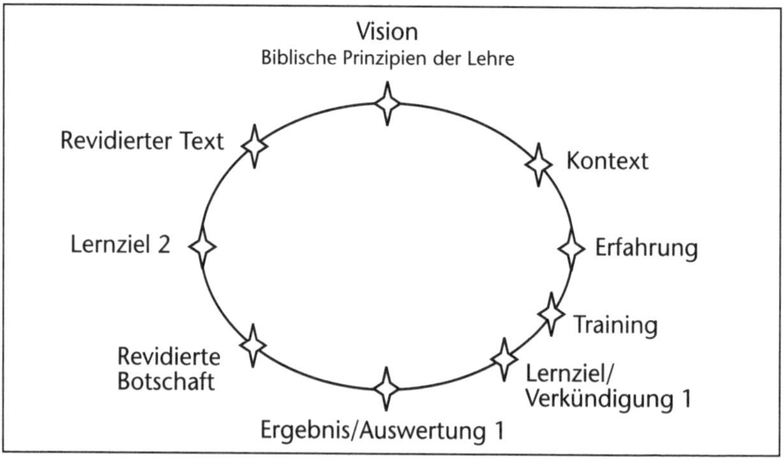

Zyklus lehrhafter Verkündigung

Dieser Zyklus schließt folgende wichtige Schritte ein:

a) Vision = Was ist die Botschaft?

Was sind die biblischen Prinzipien, die vermittelt werden sollen? Was sollte die Gemeinde unbedingt wissen? Welche Erkenntnis ist für Christen lebensnotwendig? Lehre in der Gemeinde wird dann greifen, wenn klare Zielvorgaben formuliert sind. Der Lehrumfang sollte sich unbedingt am Glaubensbekenntnis der Ge-

[121] Siehe das von mir wesentlich veränderte Originaldiagramm von Lois LeBar, Gene Getz und Kenneth Gangel (1981:42).

meinde[122] orientieren und alle Lebensbereiche abdecken: Mission, Evangelisation, prophetischen Dienst und Seelsorge. Allerdings wäre es falsch anzunehmen, dass ein Glaubensbekenntnis bereits ein ausgeschriebenes Visionsstatement für Lehre in der Gemeinde darstellt. Glaubensbekenntnisse sind in der Regel als Bekenntnistexte wenig geeignet, Visionen darzustellen. Es ist von großer Bedeutung, dass der Lehrer seine Vision mit den anders begabten Leitern in der Gemeinde koordiniert. Ein Großteil der biblischen Begründung solcher Visionen ist am Ende Aufgabe des Lehrers.

b) Kontext = Wo steht der Hörer auf der Erkenntnisskala?

Lehre kann nur dann mit Erfolg gekrönt werden, wenn sie den Hörer da abholt, wo er sich wirklich befindet. Man kann nicht ins Blaue hinein lehren. Sowohl der Inhalt als auch die Lehrmethode wird sich wesentlich unterscheiden, wenn man Alters-, Kultur- und Erkenntnisgrenzen zu meistern hat.

c) Text = Was versteht der Empfänger von der offenbarten biblischen Wahrheit?

Was muss noch vermittelt werden?

d) Lehrplan = Was sage ich wann, wie und wo?

Jetzt, wo das Curriculum abgesteckt, die persönliche Situation der Hörer erfasst und der Erkenntnisstand ermittelt worden ist, kann der Meister an einem Lehrplan arbeiten. Ein guter Lehrplan umfasst nicht nur den Inhalt der Verkündigung, sondern setzt sich auch intensiv mit der Methode der Vermittlung auseinander. Wie

[122] Eine oft gewählte Methode ist die Verkündigung entlang von *Glaubensbekenntnissen*. Siehe hierzu als Beispiel Schaefer 2000. So gut ein solches Vorgehen sein kann, die Entwicklung eines Lehr-Planes für die Gemeinde stellt etwas anderes dar. Ein Glaubensbekenntnis gibt zwar die Eckdaten eines Curriculums vor, darf jedoch nicht mit einem Lehrplan verwechselt werden.

oben bereits beschrieben, kann nicht jede Wahrheit von der Kanzel herunter effektiv vermittelt werden. Manches ist im Gespräch einfacher und effektiver zu klären. Anderes kann nur in einer kleinen Gruppe erfolgreich gelehrt werden und wiederum anderes verlangt nach einer Seminar-Atmosphäre, in der Inhalte bewegt und diskutiert werden können. Zielbewusste Lehre muss daher organisiert werden, auch und vor allem didaktisch. Hierfür stehen dem Lehrer in der Gemeinde heute viele hilfreiche Mittel zur Verfügung.[123]

e) Verkündigung auf Stufe 1

Habe ich den Lehrplan formuliert, mich für die angemessene Methode des Unterrichts entschieden, dann kann der Unterricht beginnen. Wichtig ist, von Anfang an den Unterricht kritisch zu reflektieren. Hilfreich hierzu sind unterschiedliche Formen des Unterrichts-Nachgesprächs. Der Lehrer sollte sich die Reaktionen seiner Hörer notieren. Nur so kann nach dem Unterricht ein sachliches Ergebnis festgestellt werden.

f) Ergebnis = Was habe ich erreicht?

Ist eine Unterrichtseinheit abgeschlossen, ist es von großer Bedeutung, das Ergebnis festzustellen und kritisch zu bewerten. Viele Gemeinden scheuen sich, regelrechte Prüfungen einzuführen. Wie aber soll festgestellt werden, dass die Hörer den Inhalt verstanden und prozessiert haben, wenn sie nicht in der einen oder anderen Art und Weise geprüft werden dürfen? Keine Schule würde sich solches unverantwortliche Lehren leisten. Unterrichtseinheiten müssen mit Prüfungsverfahren versehen werden, die das Ergebnis des Unterrichts zu messen erlauben.

---

[123] Siehe unter anderem: Bochinger 1964; Frör 1966; Langer 1975; Brunnhuber 1978; Bugdahl 1995; Grell 1983; Greving 1996; Stary 1997; Mauerhofer 2001 u.a.

Das Lehrergebnis entscheidet nun über das weitere Vorgehen. Kann der Lehrplan – so wie er ursprünglich gedacht war – weiter implementiert werden? Bedarf es einer Korrektur? Kann auf diese Weise die nächste Stufe erreicht werden? Muss der Unterricht wiederholt werden? Sollte man die Unterrichtsmethode ändern? Solche Fragen sind wichtig, bevor man zur nächsten Phase kommt. Und diese Phase wird sich ähnlich entwickeln wie die erste. Der Lehrer fragt wieder nach:

- Vision = Was ist die Botschaft?
- Kontext = Wo befindet sich der Empfänger jetzt?
- Text = Was versteht der Empfänger jetzt?
- Revidierter Lehrplan = Was sage ich dem Empfänger jetzt?
- Verkündigung auf Stufe 2

3.6.6 Zum Ort der Lehre

In meiner Gemeindegründungs-Praxis, bei der die Mehrheit der Gemeindeglieder erst vor kurzem zum christlichen Glauben fand und daher z. T. völlig unwissend zu uns gestoßen ist, sehen wir uns genötigt, alle angesprochenen Stufen der Erkenntnisvermittlung in der Verkündigung zu berücksichtigen. Dabei fällt auf, dass je nach Kenntnisstand der Ort der Verkündigung von wesentlicher Bedeutung ist. So ist die Vermittlung von theologischem Basis-Wissen am ehesten durch persönliche, durch Mann-zu-Mann-Verkündigung zu erreichen. Die Vertiefung dieses Wissens ist jedoch einfacher im Rahmen eines Hauskreises. Der Gottesdienst eignet sich eher als Raum der gemeinsamen, kollektiven Erfahrung der biblischen Wahrheit und ein Lehrseminar als Anleitung zur bewussten Anwendung der erlernten Prinzipien.

In der heutigen Mediengesellschaft stehen dem Lehrer hervorragende Hilfsmittel zur Verfügung, die ebenfalls nach einer besonderen Umgebung verlangen. Besondere Unterrichtsmethoden verlangen nach besonderen Räumen, die auf die Methode abgestimmt und zubereitet worden sind. Man kann sich z. B. keine gute Gruppenarbeit in einem Gemeinderaum mit Bänken vorstellen. Genau so wenig kann der Gebrauch von visuellen Medien funktionieren, wenn die Teilnehmer keinen Blickkontakt zum Medium haben. Was helfen dem Seminarteilnehmer die besten Folien, wenn er hinter einer Säule sitzt?

Lehre in der Gemeinde, will diese effektiv sein, setzt die Schaffung unterschiedlicher Räume voraus, in denen Lehrverkündigung geschehen kann.

In einer einfachen Skizze kann das wie folgt dargestellt werden:

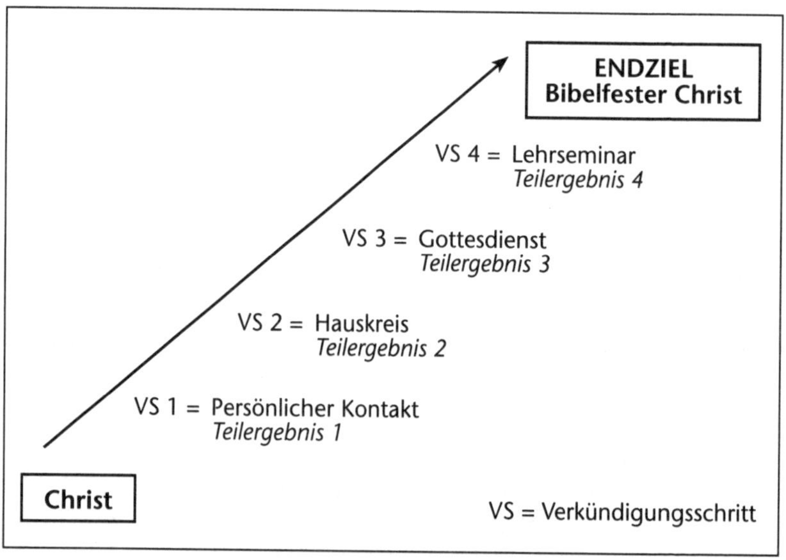

Lehrplan: Lehrhafte Verkündigung

Fazit: Kerygmatische Leitung in lehrhafter Verkündigung ist für die Bereitstellung von Räumen, in denen die Zyklen lehrhafter Verkündigung ablaufen können, und das dazu notwendige Mitarbeiterpotential verantwortlich. Sie führt durch das Programm und stellt sicher, dass die ursprüngliche Vision verstanden wird und im Blickfeld bleibt.

4. Gemeinde im Aufbruch

4.1 Die Wiederentdeckung der missionarischen Dimension

Bereits 1965 erschien das Buch von Hans Hartwig von Goessel und Arthur Stephan mit dem bezeichnenden Titel „Die missionarische Dimension“. Es handelt sich um einen leidenschaftlichen Aufruf an die Volkskirche, ihren Auftrag der Mission neu zu entdecken und anzunehmen. Seit dem Erscheinen dieses Buches sind nun fast 40 Jahre vergangen, doch kaum eine Seite daraus hat an Aktualität verloren. Wie damals so ist auch heute die Kirche selbst das größte Hindernis für den Aufbruch der Kirche in eine missionarische Existenz (Goessel 1965:13). Genau wie damals gilt der Aufruf „Zurück zum Evangelium“ und „Heraus aus lieb gewordenen Gewohnheiten und Traditionen“, in eine neue Dimension der Mission aufzubrechen (:15ff). Und genau wie damals spitzt sich dieser Aufruf auf die Verkündigung zu (:51ff).

Diese Einführung in die kerygmatische Leitung ist mit dem Ziel geschrieben worden, eben hier ein Umdenken anzuregen. Verkündigung, die eine missionarische Gemeinde begleitet, ist als ein mehrschichtiges Geschehen zu verstehen, sie kann nicht von einem Einzigen bewältigt werden. Weder hat er alle dazugehörigen Gaben noch verfügt eine Person über die entsprechende Zeit. Die Idee des Super-Verkündigers in Gestalt des Gemeindepastors muss aufgegeben werden, soll die Gemeinde eine Zukunft haben.

4.2 Die Wiederentdeckung der Leitung durch das Verkündigungs-Team

George Barna ist durch seine breit angelegten Umfragen zum Thema Leiterschaft in den Kirchen Nordamerikas bekannt geworden. Für ihn steht fest, dass alle christlichen Gemeinden, die qualitativ wie auch quantitativ wachsen, von Leitungs-Teams geführt werden (2001:7ff).

Die Erkenntnis, dass sich im Team besser arbeiten lässt, hat sich längst in vielen gesellschaftlichen Schichten durchgesetzt. Denken wir nur an die Vorstände großer Industriekonzerne oder an den Sport. Nur in der Kirche scheint die Idee eines Super-Pastors noch immer den Alltag zu bestimmen. Stimmen wie die von Walter C. Wright in seinem überaus lesenswerten Buch zum mitarbeiterorientiertem Führen (2003:82) mehren sich: „Ich glaube stark an Führung in Teams, seit ich aus Erfahrung weiß, dass ein Team mehr Hände hat als ich. Es hat auch mehr Weisheit, weil es die Dinge aus einer Reihe von Perspektiven betrachtet."

Kerygmatische Leitung, wie sie in diesem Buch diskutiert wird, braucht viele Hände und bedarf tiefer Weisheit; sie kann nur in einem Verkündigungsteam wahrgenommen werden. Wir haben dabei das paulinische Modell aus Epheser 4,11 als biblisches Modell für uns entdeckt. Die Schaffung eines effektiven Leitungsteams ist also von allergrößter Bedeutung, soll die Idee dieses Buches in die Praxis umgesetzt werden. Barna (2001:24) definiert ein solches Team als „eine kleine Gruppe von Leitern mit komplementären Gaben und Fähigkeiten. Sie haben sich miteinander zu geistlichem Wachstum und erfolgreicher Arbeit verschworen und sind sich gegenseitig Rechenschaft schuldig. Gemeinsam leiten sie eine große Gruppe von Menschen zur Erfüllung einer gemeinsamen Vision, besonderer Aufgaben und eines Aktionsplanes."

Barnas Definition führt eine Reihe von Schlüsselbegriffen auf, die für das Gelingen des Konzeptes der kerygmatischen Leitung wichtig sind:[124]

1. Es ist eine *kleine* Gruppe von Leitern. Eine große Anzahl von Menschen kann nicht *gemeinsam* leiten. Das Leitungsteam für die Verkündigung in der Gemeinde wird selten größer sein als der fünffältige Dienst es schon zahlenmäßig ausdrückt.
2. Es sind ausgesprochene *Leiter*. Beileibe nicht jeder Prediger, Seelsorger, Evangelist oder prophetisch Begabte ist Leiter. Laut Barna (2001:17) wissen nur 12 Prozent der amerikanischen Pastoren von ihrer Gabe der Leitung. Die meisten Gemeindehirten in Nordamerika sind also keine Leiter. Ob das in Deutschland viel anders ist? Doch nichts ist so fundamental für die Leitung einer Gemeinde wie die Gabe der Leitung. Wie sollte sonst geführt werden?
3. Im Leitungskreis sind Menschen *mit komplementären Gaben*. Die Bedeutung dieser Aussage sollte auf den Seiten dieses Buches deutlich geworden sein. Apostolische Verkündigung wird nicht von Lehrern vorgenommen werden können, genau so wenig wie evangelistische Verkündigung von „Hirten“ gewährleistet werden kann. Das Team muss mit Gabenträgern besetzt werden, die von Gott hierfür vorgesehen wurden.
4. Es sind Menschen, die sich miteinander *verschworen* (d.h. verpflichtet und verbunden) haben. Teams, sagt Barna (2001:23-24), sind nicht einfach Arbeitsgruppen. Leitungsteams können nur funktionieren, wenn es die Teammitglieder gemeinsam wollen. Und es scheint enorm wichtig zu sein, dass die „Chemie“ bei allen stimmt. Man muss sich nur einmal vorstellen, was geschehen wäre, wenn sich Paulus und Petrus eines Tages

[124] Siehe dazu auch die Ausführungen von Wright 2003:83-93.

zusammengetan hätten. Der Konflikt zwischen dem „Hitzkopf“ Petrus und dem „Sturkopf“ Paulus hätte mit Sicherheit den Streit, zu dem es zwischen Paulus und Barnabas kam, in den Schatten gestellt. Gott wusste, warum er einem Petrus den Johannes und einem Paulus den Timotheus zur Seite stellte. Nicht jeder kann es mit jedem, das muss nüchtern festgehalten werden.

5. Es sind Menschen, die sich *einer gemeinsamen Vision* verschrieben haben. Leitung durch Verkündigung kann nicht ohne eine gemeinsame Vision funktionieren. Selbst die beste Vision für Evangelisation in der Gemeinde, die nicht abgestimmt ist mit den anderen gemeindlichen Lebensadern, vermag nur wenig zu erreichen.
6. Es sind Leiter, die über einen *Aktions-Plan* verfügen, der die Gesamtverkündigung in der Gemeinde abdeckt. Wer Verkündigung als Anleitung zum Leben versteht, der sollte das Leben und den Weg dahin definieren können.
7. Es sind Leiter, die *sich gegenseitig Rechenschaft geben.* Leiter sind dafür bekannt, dass sie von denjenigen, die sie leiten, Rechenschaft verlangen. Das ist gut so. Aber Leiter, die selbstherrlich leiten, werden nicht lange überzeugen können. Nur wer selbst über sich Autorität anerkennt, kann von anderen Unterordnung verlangen. Ohne diese gegenseitige Unterordnung im Leitungsteam kann kerygmatische Leitung nicht funktionieren.

4.3 Die Einheit ist primär

Verkündigung als Anleitung zum Leben mit Gott ist ein komplexes Geschehen. Nach Gangel (1981:177) verdeutlichen zwei Begriffe das Wesentliche dieser pädagogischen Arbeit in der Gemeinde: Korrelation und Unifikation. Lehre wird nur dann effektiv in der Gemeinde etwas bewirken, wenn die einzelnen Zyklen der Verkündigung aufeinander bezogen wie auch auf ein inneres Zentrum des Ganzen hingeführt werden. Das gilt hinsichtlich des Inhalts wie auch bezüglich der Mittel und Methoden der Verkündigung.

Eine Dezentralisierung der Verkündigung in der Gemeinde ist gefährlich. Bill Hybels (2002:60ff) berichtet von seiner Erfahrung, wie er eines Tages feststellen musste, dass Menschen, die durch Programme der Willow Creek Church zum Glauben gekommen und im Glauben gewachsen waren, die Gemeinde selbst im Grunde genommen gar nicht kannten. Die einzelnen Zweige der Arbeit hatten sich zu weit voneinander weg entwickelt und verselbständigt. Auf einmal begannen sie kontraproduktiv zu funktionieren. Menschen kamen zwar zum Glauben, wurden auch im Glauben befestigt, aber sie fanden nicht in die Gemeinde hinein. Einzelne wurden für Christus gewonnen, aber nicht für die Gemeinde. Die Leiter der Gemeinde hatten ein wichtiges Element der Gemeindeentwicklung übersehen – alle Programme einer Gemeinde müssen sinnvoll aufeinander bezogen werden.

Folgende Illustrationen machen deutlich, dass in der Ausrichtung einer Gemeinde Einheit absolut notwendig ist.

Illustration 1 stellt eine Gemeinde vor, die zwar die Notwendigkeit des fünffältigen Dienstes (nach Epheser 4,11) erkannt hat und auch jeweilige Freiräume dafür geschaffen hat, jedoch nichts für die Koordination dieser Dienste untereinander getan hat. Das Resultat liegt auf der Hand. Es entwickeln sich „Fan-Clubs“, welche die Einheit der Gemeinde stark gefährden. Eine solche Gemeinde wird anfänglich vielleicht stark wachsen, doch schon binnen kurzer Zeit bilden sich Konkurrenzen, die kaum zu bewältigen sind. So wird zwar Wachstum, aber nicht Gesundheit der Gemeinde gefördert. Und ist „der Leib“ einmal ungesund, so ist auch das Wachstum bald in Frage gestellt. Beispiele hierfür existieren in Hülle und Fülle.

Da existiert z.B. eine gute missionarische Kinderarbeit in einer deutschen Kleinstadt. Seit zwanzig Jahren gibt es sie: Hunderte von Kindern sind hierdurch auf Christus aufmerksam geworden. Die Arbeit macht bis heute Schlagzeilen. Die Gemeinde selbst hat jedoch den sonntäglichen Gottesdienst auf einen neuen Rhythmus umgestellt. Seit zwei Jahren wird nur noch jeden zweiten Sonntag Gottesdienst gefeiert – aus Mangel an Besuchern!

Für mich stand die Ursache dieses offensichtlichen Missverhältnisses schnell fest. Nichts in der Gemeinde entsprach dem, was ihre Mitarbeiter in der Kinderarbeit machten. Sie sangen andere Lieder, sie predigten den Kindern in einer Art und Weise, die im Gottesdienst nicht angebracht war. Sie setzten Mittel ein, die man im Gottesdienst der Gemeinde als völlig weltlich ablehnen würde. Die missionarische Kinderarbeit wurde zwar als Zweig der Gemeinde geführt, hatte aber mit der Vision von Gemeinde kaum etwas zu tun.

Andererseits faszinierte mich die rege Konferenztätigkeit. Jedes Jahr brachte sie Hunderte von Menschen zu speziellen Abenden mit besonders begabten Rednern in der Stadthalle zusammen. Menschen kamen von weither. Diese Glaubenskonferenz war eine geistliche Institution für eine große Region. Sobald aber die hochdotierten Abende vorbei waren, blieben die wenigen Christen unter sich. Woran lag das?

Während die Veranstaltungen in der Stadthalle professionell und modern aufgezogen waren, verlief in den Gottesdiensten der Gemeinde alles so ab wie eh und je. In der Stadthalle war man „am Puls der Zeit", im Gemeindehaus war die Zeit stehen geblieben.

Illustration 1: Eine Vision – viele Richtungen

Illustration 2 stellt eine Gemeinde dar, die über keine gemeinsame Vision verfügt, sondern diese über die einzelnen Dienste der fünffältigen Verkündigung zu bestimmen versucht. Eine solche Gemeinde wird immer Gefahr laufen, einseitige Betonungen einzugehen, je nachdem, ob die Persönlichkeit eines der verschiedenen Leiter dominiert und schließlich das letzte Wort hat. In der Illustration ist diese Variante mit der übergroßen Stellung des „Propheten“ dargestellt. Eine Variante, die mit dem Aufkommen der prophetischen Bewegung in den USA immer wieder real wurde und deren negative Folgen weitgehend bekannt sind.

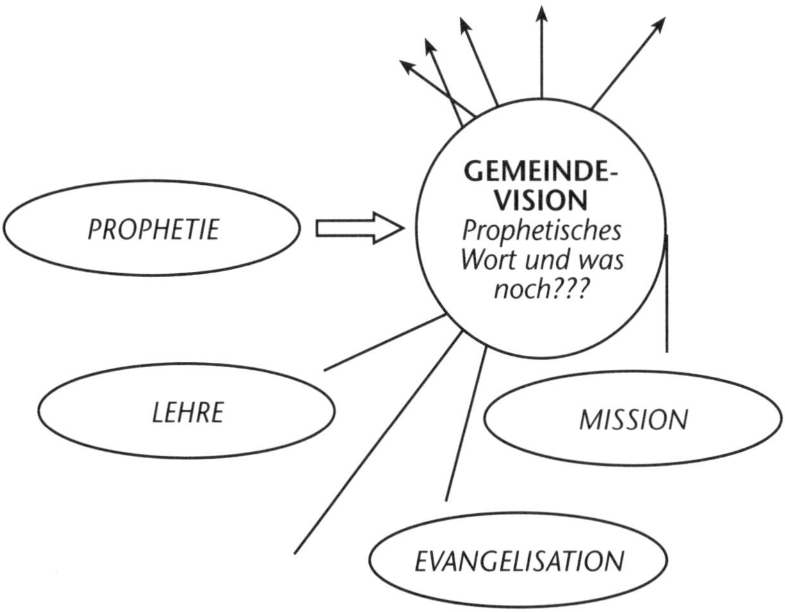

Illustration 2: Einseitig geprägte Vision unterdrückt Lebensadern der Gemeinde

Diese oder ähnliche „Missbildungen“ müssen nicht sein. In einer biblisch ausgerichteten Gemeinde, die sich um das in der Heiligen Schrift gezeigte Bild des „Leibes Christi“ schart, wird die Gemeindeleitung alles tun, eine sinnvolle Balance zwischen den einzelnen Lebensadern der Gemeinde herzustellen. Das kann nur gelingen, wenn man sich an biblische Vorgaben hält. Illustration 3 macht das deutlich.

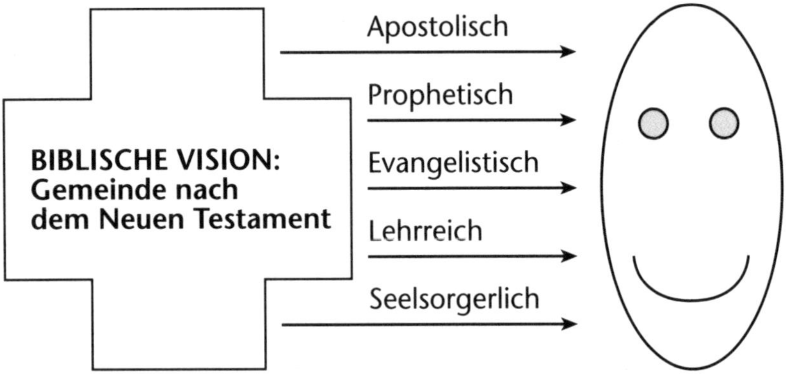

Illustration 3: Biblische Vision bestimmt die Verkündigung

Paulus drückte diese Wahrheit in 1. Korinther 12,7 aus, als er die Feststellung traf, dass alle Gaben am „Leib Christi" zum Nutzen aller gegeben werden. Wenn besondere Dienste in der Gemeinde sich verselbständigen und auf Kosten anderer wachsen, kann die Gemeinde nicht recht gedeihen. Der „Leib Christi" wird erst dann wirklich wachsen, wenn sich die einzelnen Glieder gegenseitig ergänzen (Eph 4,15–16).

Was allgemein für den Einsatz der Gaben in der Gemeinde gilt, hat auch für den Dienst der Verkündigung seine Gültigkeit. Der fünffältige Verkündigungsdienst muss sinnvoll aufeinander bezogen werden. Es bedarf eines gewissen „Masterplanes" für die Verkündigung in der lokalen Gemeinde, wenn diese ihre hochgesteckten Ziele erreichen will.

4.4 Ein Master – Verkündigungsplan

Wie kommt eine Gemeinde zu einem ausgewogenen Verkündigungsplan? Was sind die einzelnen Elemente der Planung? Die Analyse der einzelnen Verkündigungs-Lebensadern der Gemeinde hat gezeigt, dass Verkündigung als Anleitung zum Leben im Geist immer zwei Ziele verfolgen wird – sie will (a) lebenswichtige Wahrheiten an die Gemeindeglieder weitergeben und sie zum Leben mit Christus befähigen und sie will (b) sie zu ihrem von Gott zugewiesenen Dienst ausbilden.

Ein apostolisch begabter Ältester will daher in jedem Gemeindeglied missionarische Gesinnung wecken, zugleich aber auch die besonders für den missionarischen Dienst bestimmten Christen schulen und im Dienst begleiten. Er ist Lehrer und Mentor zugleich.

Der prophetisch begabte Älteste will in die Lebenssituation eines jeden Gemeindegliedes sprechen, zugleich aber liegt sein besonderes Interesse in der Ausbildung und Betreuung von Christen mit prophetischer Begabung.

Das Gleiche gilt ebenso für die anderen Leitungsdienste in der Gemeinde.

Der vielfältige Verkündigungsdienst muss beides berücksichtigen: die allgemeine Anleitung jedes Christen und die besondere Zurüstung der zu einem speziellen Dienst Berufenen.

Wie wir gesehen haben, lässt sich dieses nur in einem mehrschichtigen Verkündigungsgeschehen in der Gemeinde verwirklichen, wobei alle Kommunikationsmittel vom persönlichen Gespräch bis hin zur Predigt eingeschlossen sind. Nicht alles kann immer und nicht alles kann überall gesagt werden.

Die Entwicklung eines entsprechenden Masterplanes setzt voraus, das die Gemeindeleitung die entsprechenden Zyklen der Verkündigung verstanden und auf die Situation der Gemeinde angepasst hat. Ein Masterplan ist ein strategischer Plan, der vordefinierte Visionen, die zu konkreten Zielen führen, verfolgt und sie zu erreichen sucht. „Strategische Planung ist ein Prozess", wie Walter C. Wright (2003:108) richtig formuliert. Man kann sich nicht einfach für ein paar Stunden zusammensetzen und einen Plan entwerfen. Masterpläne entstehen im Leben. „Planen heißt seine Vision leben" (Wright 2003:121). Und wer sie zu leben beginnt, wird bald auf Fragen stoßen, die Korrekturen zwingend erforderlich machen. Die Ältesten einer Gemeinde, die an die Entwicklung eines entsprechenden Planes kerygmatischer Leitung denken, sollten daher viel, sehr viel Zeit mitbringen.[125] Es wird Monate dauern, bis deutlich wird, wie vorgegangen werden kann. Wenn Visionen Wirklichkeit werden sollen, dann muss man für Jahre Geduld mitbringen. Bei Jesus, dem Fleisch gewordenen Wort, hat das Heranreifen eines solchen Planes Jahrzehnte gedauert.

Oft scheitern derartige Pläne daran, dass man zu schnell, zu viel und mit zu wenigen Leuten gewollt hat. Ein Masterplan setzt voraus, dass geeignetes Verkündigungspersonal vorhanden ist. Im Idealfall baut jeder leitende Älteste für seinen Bereich ein Verkündigungsteam auf, das sich regelmäßig zusammenfindet und den Fortschritt der Arbeit auswertet, um eventuelle Korrekturen vorzunehmen. Man sollte jedoch nicht die Flinte ins Korn wer-

---

[125] Die Überlegungen von Walter C. Wright (2003:122ff) zum Modell einer Planung können hierzu wertvolle Anregungen geben. Wright bezieht sich dabei zwar auf grundsätzliche Fragen der Planung. Die Entstehung eines Verkündigungsplanes sollte sich jedoch nicht wesentlich von dem unterscheiden, was auch sonst in der strategischen Planung berücksichtigt werden müsste.

fen, wenn in der Gemeinde weder Älteste für jeden der fünf angesprochenen Bereiche vorhanden sind, noch die dazu geeigneten Verkündiger. Arbeitet am Masterplan der Zukunft und führt das aus, was gerade möglich ist! Gott wird in seiner Güte Stück um Stück des noch Fehlenden hinzutun.

Die Leitungsstruktur in Sachen Verkündigung wird im Idealfall wie folgt aussehen:

- Die Gemeinde hat für jeden der fünf Dienste leitende Älteste berufen.
- In jedem der fünf Bereiche werden begabte und berufene Mitarbeiter erkannt, geschult und eingesetzt.
- Ihre Arbeit wird sinnvoll von der Gesamtheit der Ältesten geleitet.

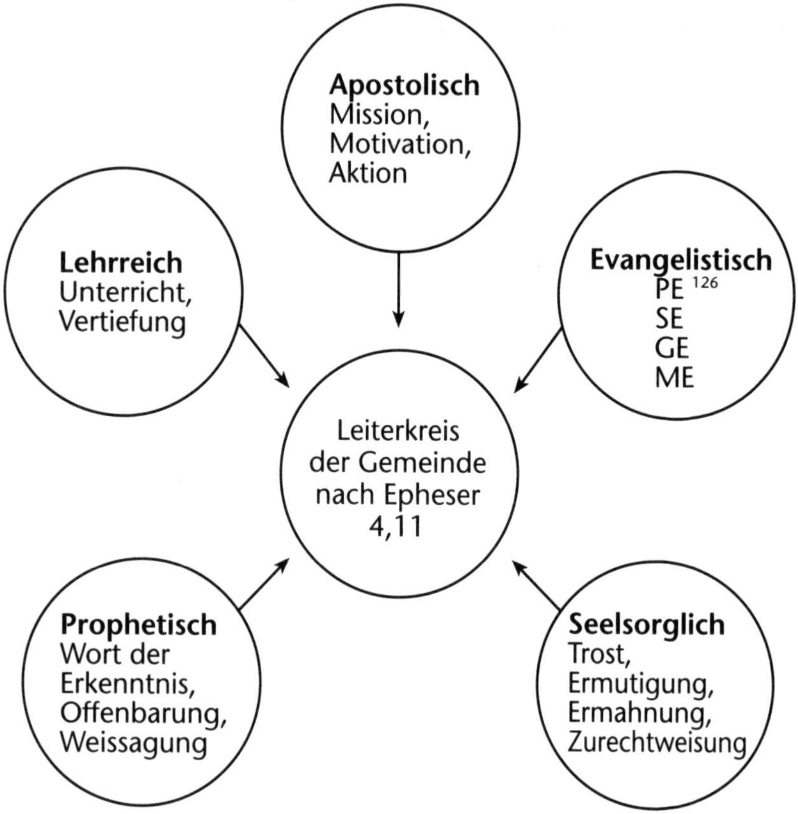

Verkündiger in der Gemeinde

[126] PE = Persönliche Evangelisation; SE = Straßen-Evangelisation; GE = Gemeinde-Evangelisation; ME = Massen-Evangelisation. Die Kürzel stehen hier examplarisch und sollen die Gesamtheit der evangelistischen Arbeit der Gemeinde darstellen.

4.5 Und woher kommen die Leiter?

Wer sind die Männer, die Gott berufen hat, einen Verkündigungsdienst aufzubauen, der Leitung durch Verkündigung – wie in diesem Buch beschrieben – ermöglicht?

Bill Hybels (2002:80ff) der die Team-Arbeit in der Gemeinde über alles andere stellt, beschreibt seinen Ansatz bei der Wahl der Teammitglieder als die „drei C“: Charakter, Kompetenz und Chemie.

Für Hybels ist dabei die Reihenfolge entscheidend. Für ihn steht der Charakter eines Menschen an erster Stelle,[127] wobei er unter Charakter (Hybels:81) versteht, ob die von ihm ins Auge gefasste Person Jesus konkret nachfolgt. Ob diese Person in eine geistliche Disziplin eingewilligt hat, ob sie lernfähig, ehrlich, demütig, vertrauenswürdig und arbeitsam ist.

Bei Hybels Charakter-Kategorien schwingen die ethischen Maßgaben mit, die Paulus an einen Ältesten in 1.Timotheus 3 legt. Ein Ältester muss jemand mit gutem Charakter sein.

An zweiter Stelle erwähnt Hybels (:83) Kompetenz. Hier kommt es ihm auf die richtige Gabenkonstellation eines Leiters an. In Sachen Verkündigung macht es schon einen großen Unterschied, ob jemand in einem der Dienste von Epheser 4,11 steht. Jede dieser Dienstgaben ist von allergrößter Bedeutung für den Aufbau der Gemeinde. Austauschbar sind sie allerdings nicht.

---

[127] Hier liegt wohl auch das größte Problem in den Gemeinden der Ersten Welt. Howard G. Hendricks (in: Gangel 1998:245) nennt es gar die eigentliche Krise der Leiterschaft in seinem Land (USA). Zu lange hat man in einer recht emanzipatorischen Pädagogik versucht, sich auf den Inhalt der Lehre allein zu konzentrieren. Es kam weniger darauf an, wer den Inhalt vermittelte. Wichtig war der Inhalt selbst. Heute weiß man, wie irrig diese Annahmen waren. Viel mehr als langläufig angenommen wird, lernt man aus Vorbildern. „Gott ist sicher daran interessiert, was wir tun, aber viel mehr interessiert ihn, wer wir sind und wer wir werden“, schreibt Cordeiro (2001:109).

Gott kann zwar einer Person mehrere Gaben geben, ob sie allerdings alle in gleicher Kompetenzdichte vorhanden sind, bleibt zu bezweifeln.

Und schließlich spricht Hybels (:84) von der „Chemie", die stimmen muss, wenn Teammitglieder gemeinsam arbeiten wollen. Hybels begründet seine Vorstellung mit der eigenen Erfahrung aus dreißig Jahren Gemeindedienst. Danach können es nicht alle Menschen miteinander. Manchmal kommen Menschen nur schlecht miteinander aus, auch wenn Charakter und Gabenkombination stimmen. Man denke nur an Männer wie Paulus und Barnabas, die sich wegen einer Personalentscheidung trennten (Apg 14). Und Gott hat offensichtlich ihre Entscheidung, getrennte Wege zu gehen, trotz einer herausragenden ersten gemeinsamen Missionsreise, trotz klarer Berufung zum gemeinsamen Missionsdienst (Apg. 13,1ff) hingenommen. Nicht jeder kann es mit jedem. Und nicht jeder muss es mit jedem können!

4.6 Der Kampf um die Kanzel – wer darf wann?

Einer der häufigsten Einwände, die gegen einen mehrschichtigen und organisierten Verkündigungsdienst in der Gemeinde erhoben werden, bezieht sich auf die gottesdienstliche Predigt. „Ich habe Schwierigkeiten, meine Lehrpredigten mit den evangelistischen Bedürfnissen meiner Gemeinde in Einklang zu bringen", sagte mir ein Pfarrer, „wo sollte ich da noch Zeit und Raum für die Fülle an Verkündigung nehmen, die Sie da vorschlagen?" Eine durchaus berechtigte Frage und eine schwierige dazu, wenn wir nur unsere gewöhnlichen Gottesdienste vor Augen haben. In einem typischen evangelischen Gottesdienst, der eine Stunde dauert, werden einige Lieder gesungen, Gebete gesprochen, Bekanntmachungen weitergegeben, ein Opfer eingesammelt und natürlich das Wichtigste – die Predigt gehalten. Für die Predigt bleiben etwa dreißig Minuten. Da kann halt nur eines gemacht werden – gelehrt, motiviert, evangelisiert oder prophezeit werden. Mehr oder weniger nur eines, nicht alles zusammen. Das ist logisch, aber nicht unbedingt biblisch in dem Sinne, wenn man 1. Korinther 14,26 zugrunde legt: „Wenn ihr zusammenkommt, hat jeder etwas beizutragen: Einige singen ein Loblied, andere unterweisen die Gemeinde im Glauben. Einige geben weiter, was Gott ihnen offenbart hat, andere reden in unbekannten Sprachen, und wieder andere legen das Gesprochene für alle aus. Wichtig ist, dass alles die Gemeinde aufbaut“ (Übersetzung: Hoffnung für alle).

Hier wird uns ein Gottesdienst beschrieben, der mehrere Wortmeldungen kennt. Höchstwahrscheinlich dauerte er auch nicht nur eine Stunde. Der urchristliche Gottesdienst lief offenbar so „aufregend“ ab, dass Menschen, die daran teilnahmen, Zeit und Raum vergaßen. Da, wo Gottes Geist im Gottesdienst wirkt und seine Gaben zum Einsatz kommen, will niemand schnell nach Hause!

Vor fünf Jahren gründeten wir in dem bergischen Dorf Brüchermühle unsere jetzige Gemeinde. Ursprünglich neun Gründungsmitglieder, wird die Gemeinde heute von mehreren Hundert Menschen Sonntag für Sonntag besucht. Die vier Gottesdienste füllen den gesamten Sonntag, und es gibt nicht wenige Menschen, die den ganzen Tag im Gemeindehaus verbringen. Sie können einfach nicht genug bekommen. „Früher hielt ich kaum eine Stunde Gottesdienst aus. Ich dachte ans Mittagessen, an den Ausflug, an manches andere; heute komm ich gar nicht erst dazu. Es ist einfach spannend, wenn Gott im Gottesdienst wirkt.“ Diese Worte eines jungen Gemeindegliedes geben die Grundstimmung in der Gemeinde wieder.

Wie laufen Gottesdienste ab, die Raum für den fünffältigen Verkündigungsdienst schaffen? Wie setzt man das korinthische Gottesdienstmodell praktisch um? Die Gemeinden, die sich im Bereich ihres Gottesdienstes um die Verkündigungsvielfalt kümmern, weisen alle ähnliche Muster auf. Ein wesentlicher Teil des Gottesdienstes wird dem freien Wirken des Geistes überlassen. So entstehen Räume, in denen man prophetisch reden wie auch missionarisch motivieren kann. Auch kann hier Evangelisation und Seelsorge stattfinden. In einem „typischen" Sonntagsgottesdienst in meiner Gemeinde nimmt ein solcher „freier" Teil etwa eine Stunde Zeit in Anspruch. Alle Gemeindeglieder werden ermutigt, aus ihren Erfahrungen mit Gott zu berichten. Menschen gehen nach vorne, die über ihre ersten Erfahrungen mit den Gaben des Geistes berichten. Andere erzählen von ihrer Not. Wieder andere wollen den Willen Gottes für ihr Leben erkennen. Im Austausch wird berichtet, füreinander gebetet und Worte Gottes gehört. Gewirkt vom Heiligen Geist entsteht eine Atmosphäre des Lernens, wie man sie sonst nur unter Kindern in Familien erleben kann.

In einer gesunden Familie mit mehreren Kindern sind es selten die Eltern, die am effektivsten erziehen, sondern die älteren Kinder. Man kann den Jüngeren tausendmal sagen, sie sollten bestimmte Dinge nicht tun, werden diese aber von ihren älteren Geschwistern vorgelebt, so werden sie es tun. Kinder lernen von den Kindern! Kinder Gottes lernen von Kindern Gottes. Sicher ist der Austausch, das Gebet und bewusster Dienst der geistbegabten Menschen aneinander noch nicht alles, was Verkündigung in der Gemeinde ausmacht. Wichtig ist jedoch, diese Zeit zu entdecken und nicht abzuwerten. Ein kurzes Zeugnis von jemand, der gerade durch Seelsorge von einer Sünde frei gekommen ist, mag viel mehr bewirken als eine lange Rede über Möglichkeiten der Seelsorge. Das Zeugnis eines in den missionarischen Dienst Berufenen kann mehr tun, um eine Gemeinde für die Mission zu motivieren, als eine lange Predigt zum Thema. Und die Erfahrung eines durch Prophetie konkretisierten Wortes Gottes für das Leben von Christen wird die Herzen eher für das prophetische Wort aufschließen als ein guter Vortrag zum Thema.

Und doch ist der Vortrag, die Predigt und die Explikation des geschriebenen Wortes Gottes unbedingt notwendig. Der Glaube kommt aus dem Gehörten! Erfahrungen werden das Interesse wecken und Erkenntnisse anstoßen – der Glaube aber kommt aus dem Wort Gottes! Will man aber durch die Predigt leiten, dann sollte die gottesdienstliche Predigt dem festgelegten Verkündigungsziel untergeordnet werden. Die relativ kurz bemessene Zeit im Sonntagsgottesdienst zwingt dazu, die Predigt thematisch auf eine der fünf in diesem Buch diskutierten Lebensadern der Verkündigung festzulegen. Die Entscheidung, welchen Schwerpunkt die Predigt haben soll, trifft der kerygmatische Leiterkreis der Gemeinde. Eine solche Entscheidung wird von den Bedürfnissen und Entwicklungen der Gemeinde abhängen. Ebenso wie die Entscheidung, ob ein Thema in einem Predigtzyklus oder in einer einzelnen Predigt abgehandelt werden soll.

Es empfiehlt sich jedoch, so viel wie möglich mit Predigtreihen zu arbeiten. Denn es ist nahezu unmöglich, wichtige biblische Wahrheiten in 30 Minuten erschöpfend darzustellen. Mehr Zeit steht aber selten zur Verfügung, es sei denn, dass man ein Thema in mehreren Sonntagsgottesdiensten anspricht. Angenommen, die Predigt hat den Schwerpunkt „missionarische Erziehung“. Dann könnten die Leiter einen Predigtzyklus von sieben (oder auch mehr oder weniger) Predigten planen. Während im freien Teil die Gemeinde ganzheitlich angesprochen wird, findet in der Predigt eine Konzentration auf den apostolischen Dienst statt. Jeder Gemeindegottesdienst ist somit dreigeteilt: in Zeiten der Anbetung, des gegenseitigen Austausches (genannt „Koinonia“) und der Predigt. Dabei ist vor allem die Predigt thematisch festgelegt.

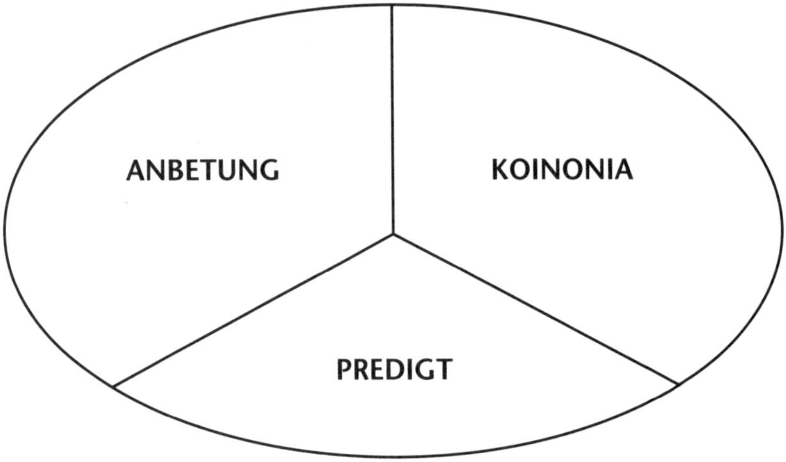

Gottesdienstliche Schwerpunkte

Eine Gemeinde tut gut daran, immer wieder auch ganze Gottesdienste thematisch zu gestalten. So haben Missionsgottesdienste, die sich konzentriert mit der Aufgabe der Weltmission beschäftigen, das missionarische Bewusstsein manch einer Gemeinde nachhaltig geprägt. Und besondere evangelistische Gottesdienste gehören seit Jahren zum Programm vieler Gemeinden. Nicht selten trifft man auch auf Gemeinden, die besondere Lehrveranstaltungen anbieten. In evangelikalen Gemeinden sind dagegen Heilungs- und Segnungsgottesdienste, die sich um die physischen und seelischen Bedürfnisse der Menschen kümmern, sowie prophetische Gottesdienste eher selten. Das kann man bedauern. Kerygmatische Leitung, die sich am fünffältigen Dienst orientiert, wird großes Interesse an solchen Schwerpunkt-Gottesdiensten haben.

4.7 Der Jahrespredigtplan

Das Denken in Predigtreihen oder -zyklen ermöglicht der Gemeindeleitung, die gottesdienstliche Predigt bewusst als Mittel geistlicher Erziehung einzusetzen. Jeder Christ kann so über gewisse Zeiträume in seiner Erkenntnis begleitet und geformt werden.

Eine kerygmatische Leitung wird dabei jedoch auf die Balance zwischen den fünf Schwerpunkten christlicher Erziehung achten. Nur zu leicht kann ein bestimmter Dienst auf die lange Bank geschoben werden. Das lutherische Prinzip der Kondeszendenz, das wir für die Verkündigung insgesamt kennen gelernt haben, wird uns auch hier gute Hilfe leisten. Wie wir gesehen haben, schlug Luther vor, sich in der Predigt immer am schwächsten Glied der Hörerkette zu orientieren. Zunächst kommen die Bereiche dran, die in der Gemeinde am wenigsten bekannt sind. Eventuell können solche Bereiche zum Verkündigungsschwerpunkt für ein ganzes Jahr gemacht werden. Allerdings sollte man auch hier immer wieder alle Dienste ins Gespräch bringen.

Im Falle, dass ein Dienst (hier im Beispiel der Hirtendienst = Seelsorge) besonders hervorgehoben werden sollte, kann folgende Zyklen-Abfolge eingesetzt werden. (Die Zahlen stehen für den entsprechenden Sonntag im Jahr).

1–7: Seelsorge – Hirtendienst
8: Missionsfest
9-14: Apostolischer Dienst der Gemeinde
15: Segnungsgottesdienst
16-23: Seelsorge – Hirtendienst
24: Offene Evangelisation
25-32: Prophetischer Dienst
33: Missionsfest
34-41: Seelsorge – Hirtendienst
42: Heilungsgottesdienst
43–50: Lehr-Dienst
51: Seelsorge- Hirtendienst

Die Phasen zwischen den Schwerpunktthemen sollten weder zu lang noch zu kurz sein. Sind sie zu lang, geht der Erziehungseffekt verloren. Sind sie dagegen zu kurz, läuft die Gemeinde Gefahr, andere Schwerpunkte der christlichen Erziehung aus dem Blick zu verlieren.

4.8 Aus dem Gottesdienst in den Alltag des Gemeindelebens

Keine christliche Tradition hat den Zusammenhang zwischen dem gottesdienstlichen Erleben und der anschließenden Praxis im Alltag liturgisch so eng aneinander gebunden wie die Orthodoxie. Der Gläubige kommt hier zur göttlichen Liturgie am Sonntag, um Buße zu tun, sich zu entleeren von allem Weltlichen und dann gereinigt an den Altar des Herrn zu treten, um so mit aller Fülle Gottes gesegnet zu werden. Die gottesdienstliche Erfahrung hat die *Theosis* zum Ziel – die Fülle Gottes (Eph 3,19). Der Gläubige wird beschenkt und in seiner Identität als Kind Gottes bestätigt. Die Eucharistie erhebt und beflügelt zugleich.

Es ist so, als wäre man am Thron Gottes gestanden und hätte dem Herrn selbst in die Augen gesehen.

Doch die Erfahrung der Fülle Gottes verpflichtet auch. Wer am Thron Gottes gestanden ist, wird nie ohne Auftrag zurückkehren. Wir werden erfüllt, um weiterzugeben. Wir werden beschenkt, um schenken zu können. Der Weg aus dem Gottesdienst führt immer in den Alltag der Welt. Für den Christen ist dieser Alltag – Mission. Hier wird er wie sein Meister (Phil 2,5ff) total gefordert. Er wird sich ganz geben müssen, sich völlig entleeren. Mission ist eine Art kenotische Aktion.[128] Paulus beschreibt diesen Akt in Römer 12,1-2 mit dem Begriff der Aufopferung des Leibes und er nennt ihn einen vernünftigen Gottesdienst. In der Orthodoxie spricht man daher auch von der Liturgie nach der Liturgie, vom Gottesdienst, der im Alltag der Welt weitergeht.

Diese Vorstellung von einer gottesdienstlichen Existenz, die das ganze Leben eines Christen durchzieht, hat enorme Konsequenzen für die kerygmatische Leitung der Gemeinde. Der Sonntags-Gottesdienst ist hier der Ausgangspunkt jeglicher Erziehung und Verkündigung. Hier werden Impulse gesetzt. Von hier geht die Bewegung des Geistes in die Gemeinde aus.

In der Praxis wird das bedeuten, dass man das Verkündigungsgeschehen in der Gemeinde auf allen Ebenen mit den Impulsen, die aus dem Gottesdienst am Sonntag kommen, synchronisieren sollte. Die Predigtzyklen am Sonntag dürfen daher nicht losgelöst vom sonstigen Erziehungsplan angeboten werden. Sie gehören in den jeweiligen Verkündigungszyklus und müssen den ausgesprochenen Zielen der Anleitung zum Leben und Dienst dienen (siehe folgende Skizze).

---

[128] Kenosis – griechisch für Entäußerung, Entleerung.

Verkündigung im Gottesdienst
ERZIEHUNGS-
PROGRAMM
DER GEMEINDE

Nachwort

Wir haben unterschiedliche Aspekte des Verkündigungs-Geschehens in der Gemeinde gesehen. Eines ist in allen diesen Aspekten unbedingt wichtig geworden – man kann nur dann Gottes Wort predigen, wenn man das WORT GOTTES auch predigt! Und man kann nur dann durch das Wort Gottes leiten, wenn man es sachgemäß, sprich seinem eigenen Anspruch getreu, einsetzt. Und das meint vor allem, das Wort – wie es in der Heiligen Schrift überliefert worden ist – zu predigen. Mit Recht hat man sich in der Vergangenheit immer wieder bemüht, dem Verkündiger Instrumente in die Hand zu geben, die den Inhalt der Offenbarung möglichst unverfälscht in die Predigt umzusetzen halfen.

Der Verkündiger selbst stand dabei weniger im Mittelpunkt des Interesses. Manchmal kann man sich des Eindrucks nicht erwehren, dass aus der Sicht des einen oder anderen Autors von Textbüchern zur Predigtvorbereitung ein jeder predigen könnte. Was fehle, sei nur das rechte Wissen. Hat man aber Theologie studiert, dann sollte man auch predigen können. Oder etwa nicht?

Wenn es doch bloß so einfach wäre! Die gegenwärtige Predigtmüdigkeit sollte uns schon längst ins Fragen gebracht haben. Kann es sein, dass es in der Predigt eben nicht nur auf den rechten Inhalt, sondern auch auf den rechten Verkündiger ankommt? Wäre es nicht wichtig, darauf zu achten, wen der göttliche Führer der Gemeinde Jesu – Gottes Heiliger Geist – für den Dienst der Verkündigung vorgesehen hat und wie ER Verkündigung versteht? Man wird die biblische Wahrheit nur dann wirklich weiterreichen können, wenn man dies unter der Leitung des Heiligen Geistes tut. Und Er, Gottes Geist, hat hierfür Menschen eingesetzt, denen er besondere Gaben verlieh.

Wir haben sie auf den Seiten dieses Buches kennen gelernt: die im apostolischen und prophetischen Dienst Tätigen, die Evangelisten, Hirten und Lehrer. Auf ihre spezifische Verkündigung scheint es doch wesentlich stärker anzukommen, als bisher angenommen wurde. Diese Dienste neu in den Mittelpunkt des Interesses zu rücken, war meine erklärte Absicht.

Sie haben dieses Buch jetzt gelesen. Predigen Sie gelegentlich? Oder sind Sie gar professioneller Prediger? Pfarrer? Pastor? Wie predigen Sie? In apostolischer Weise und in prophetischem Geist, evangelistisch, lehrreich oder eher seelsorgerlich? Wenn Gott Sie zum Prediger seines Wortes berufen hat, dann hat er Ihnen Gaben anvertraut. ER will, dass Sie entsprechend dieser Gaben predigen. Denn Jesus Christus wird uns eines Tages fragen, was wir mit seinen Talenten gemacht haben (Mt 25/Mk13). Werde ich dann als ein „fauler Knecht" erscheinen, der zwar viele Worte, auch viele fromme Worte gesprochen hat, diese aber leer blieben und nur selten bewirkten, was sie versprachen?

Gott hat mich beauftragt zu predigen. Nicht irgendwie. Nicht willkürlich. Und erst recht nicht in einem allgemein gültigen Sinne. Ich bin gerne Prediger. Da ich nicht alle Gaben besitze, kann ich auch nicht alles. Ich sollte also wissen, welches besondere Wort Gott mir in den Mund legt. Sonst ist die Gefahr groß, bei aller richtigen Theologie an falscher Stelle die Kanzel zu besetzen. Wie fatal sich so etwas auswirkt, können wir an den Hunderttausenden von predigtmüden Aussteigern Jahr für Jahr ablesen. Sie laufen fort, weil wir als Verkündiger bei ihnen nie richtig angekommen sind. Könnte sich da nicht einiges ändern?

Bibliographie

ABBEY, Merril R. 1976. Communication in Pulpit and Parish. The Westminster Press: Philadelphia.
ABRAHAM, William J. 1989. The Logic of Evangelism. Eerdmans: Grand Rapids.
ADAMS, J. 1972. Befreiende Seelsorge. Brunnen: Gießen und Basel.
—. 1976. Handbuch für Seelsorge. Brunnen: Gießen und Basel.
—. 1991. Predigen – zielbewusst, anschaulich, überzeugend. Handbuch für biblische Verkündigung. Brunnen: Gießen und Basel.
—. 1978. Seelsorge mit der Bibel. Eine praktische Anleitung. Brunnen: Gießen und Basel.
—. 1983. Grundlagen biblischer Lebensberatung. Beiträge zu einer Theologie der Seelsorge. Brunnen: Gießen und Basel.
ALBRECHT, H. 1985. Predigen. Kohlhammer: Stuttgart/Berlin/Köln/Mainz.
ALTMANN, E. 1963. Die Predigt als Kontaktgeschehen. Evangelische Verlagsanstalt: Berlin.
ALTHAUS, P. 1926. Das Wesen des evangelischen Gottesdienstes. Bertelsmann: Gütersloh.
ARENS, H. 1972. Die Predigt als Lernprozess. Chr. Kaiser: München.

BABII, A. 2000. „Tri Perioda inorodnoj i inostrannoj missii Russkoj Pravoslavnoj cerkvi (XI–XX vek)." Unisa Dissertation. Pretoria.
BAAB, Otto J. 1958. Prophetic Preaching: A New Approach. Abingdon: Nashville.
BALDERMANN, Ingo. 1996. Einführung in die biblische Didaktik. - Wissenschaftliche Buchgesellschaft: Darmstadt.
BANKS, Robert & Julia. 1998. The Church comes Home. Peabody: Hendrickson.
BARNA, George. 2001. The Power of Team Leadership. Waterbrook: Colorado Springs.
—.2003. Power of Vision. Regal: Ventura.
BARTH , Markus. 1960. Ephesians 4–6. A New Translation with Introduction and Commentary. The Anchor Bible. Bd. 34a. Random House: New York, London, Toronto, Sidney, Auckland u.a.

BARTH, K. 1966. Homiletik. Wesen und Vorbereitung der Predigt. EVZ: Zürich.

BEYERHAUS, Peter. 1996. Er sandte sein Wort. Theologie der christlichen Mission. Brockhaus Verlag Wuppertal.

BENNIS, Warren; Nanus, Burt. 1992. Führungskräfte. Die vier Schlüsselstrategien erfolgreichen Führens. Campus Verlag: Frankfurt/New York.

BERKLEY, James D. 2000. Leadership Handbook of Preaching and Worship. Baker: Grand Rapids.

BLANCHARD, Kenneth; Hybels, Bill; Hodges, Phil. 2001. Das Jesus Prinzip. Führen mit biblischer Weisheit. 2. Aufl. Asslar.

BIENECK, Joachim. 1965. ... etliche zu Evangelisten. Brockhaus: Wuppertal.

BIERITZ, Karl-Heinrich & andere. 1990. Handbuch der Predigt. Evangelische Verlagsanstalt: Berlin.

BIZER, Christoph. 1972. Unterricht und Predigt. Analysen und Skizzen zum Ansatz katechetischer Theologie. Gütersloher Verlagshaus: Gütersloh.

BLACKABY, Henry & Richard. 2001. Spiritual Leadership. Broadman: Nashville.

BOCHINGER, Erich. 1964. Anschaulicher Religionsunterricht. Calwer Verlag: Calw.

BOHREN, R. 1962. „Mission und Gemeinde". In: Theologische Existenz heute, Heft 102. München.

—. 1974. Predigtlehre. Chr. Kaiser: München.

—. 1979. „Gemeinde und Seelsorge", in: ders. Geist und Gericht. Arbeiten zur Praktischen Theologie. Neukirchener Verlag: Neukirchen-Vluyn, S. 129–142.

BOSCH, David J. 1991. Transforming Mission. Paradigm shifts in Theology of mission. Orbis Books New York.

—. 1997. Evangelism, Evangelization. In Dictionary of Missions. Orbis Books New York.

BRAGA, James. 1981. Effektive Predigtvorbereitung. Asslar.

BRISCOE, Stuart D. 1994. Fresh Air in the Pulpit. Baker Books Grand Rapids.

BRINKMANN, F.T. 2000. Praktische Homiletik. Ein Leitfaden zur Predigtvorbereitung. Kohlhammer: Stuttgart/Berlin/Köln.

BRUCE, F.F. 1984. The Epistles to the Colossians, to Philimon, and to the Ephesians. The new International Commentary on the New Testament. Eerdmans Grand Rapids.

BRUNNHUBER, Paul. 1978. Prinzipien effektiver Unterrichtsgestaltung. Auer: Donauwörth.

BUB, W. 1990. Evangelisationspredigt in der Volkskirche. Calwer: Stuttgart.

BUGDAHL, Volker. 1995. Kreatives Problemlösen im Unterricht. Cornelsen: Berlin.

BUKOWSKI, Peter. 1996. Die Bibel ins Gespräch bringen. Erwägungen zu einer Grundfrage der Seelsorge. Neukirchener Verlag: Neukirchen-Vluyn.

BUNTING, Ian. 1981. Preaching at Funerals. Grove Books: Branscote.

BUSCHBECK, Bernhard; Buttler, Gottfried. 1973. Lernziele und Lernfreiheit. Calwer Verlag: Calw.

CANNISTRACI, David. 2001. Apostolische Leidenschaft. Hassmann: Fürth.

CAPPS, D. 1980. Pastoral Counseling and Preaching. The Westminster Press: Philadelphia.

CARL, William J. 1984. Preaching Christian Doctrine. Fortress: Philadelphia.

CHARTIER, M.R. 1981. Preaching as Communication. Abingdon: Nashville.

CHRISTLIEB, Theodor. 1893. Homiletik. Hrsg. von Theodor Haarbeck. Jaeger & Kober: Basel.

CHO, Paul Yonggi. 1987. Erfolgreiche Hauszellgruppen. Bernhard: Siegen.

CLINTON, Robert. J. 1992. Der Werdegang eines Leiters. Verlag für kulturbezogenen Gemeindebau: Greng-Murten.

COLLINS, Gary. 1979. Einführung in die beratende Seelsorge. Handbuch für Ausbildung und Praxis. Bundes Verlag. Witten.

COOMBS, Barney. 1996. Christ's Love – Gift to the Church. Apostles Today. Sovereign World: Tonbridge.

CORDEIRO, W. 2001. Doing Church as a Team. Regal: Ventura.

CROUCHER, R. 2002. „Good preaching“, in http: www. Pastornet.net.au\jmm\alpt\alpt0002.htm.

DERESCH, Wolfgang. 1973. Handbuch für kirchliche Erwachsenen-Bildung. Furche: Hamburg.
DODD, H.C. 1937. The Apostolic Preaching and its Development. Willet, Clark: New York. Reprint: 1980. Baker: Grand Rapids.
DONDERS, Paul Ch. 2001. Mitarbeiter führen und fördern. Das Praxisbuch für Alltag und Beruf. Asslar.
DUDUIT, Michael. 2001. „Leading Through Preaching: An Interview with John Maxwell", in www. Preaching.org

EBELING, G. 1959. Das Wesen des christlichen Glaubens. Mohr-Siebeck: Tübingen.
EDGE, Findley B. 1956. Teaching for Results. Broadman: Nashville.
EGLI, Andreas. 1995. Erzählen in der Predigt. Untersuchungen zu Form und Leistungsfähigkeit erzählender Sprache in der Predigt. TVZ: Zürich.
EICKHOF, Klaus. 1998. Die Predigt beurteilen. Brockhaus: Wuppertal.
ELDER, Lloyd and Frank R. Lewis. 1998. Pastoral Preaching – Leading from the Pulpit. Moench Center for Church Leadership: Nashville.
ENGEMANN, W. 2002. Einführung in die Homiletik. A. Francke: Tübingen und Basel.
ERDLENBRUCH, Ernst Wilhelm. 1980. Lernen und Lehren in der Gemeinde. Bundes Verlag: Witten.
EVANGELISCHE Studentengemeinschaft Tübingen. 1974. Prophetische Predigt. Reich Gottes in dieser Welt? J.F. Steinkopf: Stuttgart.
EZELL, Rick. 1999. Hitting a Moving Target. Preaching to the Changing Needs of Your Church. Kregel: Grand Rapids.

FLÜCKIGER, F. 1983. „Das Wesen biblischer Prophetie" in Zukunftserwartung in biblischer Sicht, hrsg. von Gerhard Meier. Wuppertal.
FORD, Leighton. 1997. Leiten wie Jesus. Menschen führen und verändern. Neuhausen-Stuttgart.
FRIEDEMAN, Matt. 1990. The Masters Plan for Teaching. Wheaton College: Wheaton, Ill.
FRIEDRICH, G. 1933. „Keryx", in TWNT Band 3, S. 682–717.
FRÖR, Kurt (Hrsg.), 1966. Zeichnung und Bild im kirchlichen Unterricht. Kaiser: München.

GANGEL, Kenneth O. 1981. Building Leaders for Church Education. Moody: Chicago.

GANGEL, Kenneth O. & Hendricks, Howard G., Hrsg. 1998. The Christian Educators's Handbook on Teaching. Baker Books: Grand Rapids.

GARRISON, David. 1999. Church Planting Movements. IMB Richmond.

GENSICHEN, Hans-Werner. 1971. Glaube für die Welt. Gütersloher Verlagshaus Gerd Mohn Gütersloh.

GEHRING, Roger W. 2000. Hausgemeinde und Mission. Die Bedeutung antiker Häuser und Hausgemeinschaften von Jesus bis Paulus. Brunnen Basel & Gießen.

GNILKA, Joachim. 1991. Der Kolosserbrief. Herders Theologischer Kommentar zum Neuen Testament. Band X. Herder: Freiburg, Basel, Wien.

—. 1971.Der Epheserbrief. Herders Theologischer Kommentar zum Neuen Testament. Band X. Herder: Freiburg, Basel, Wien.

GOETZMANN, J. 1990. „oikonomia" in Theologisches Begriffslexikon zum Neuen Testament, hrsg. v. Lothar Coenen, Erich Beyreuther und Hans Bietenhard. Band 1. 5. Auflage. Wuppertal und Zürich, S. 642f.

GOESSEL, Hans Hartwig von; Stephan, Arthur. 1965. Missionarische Dimension. Schriftenmissionsverlag: Gladbeck.

GREIDANUS, Sidney. 1988. The modern Preacher and the Ancient Text. Eerdmans: Grand Rapids.

GRELL, Joachim und Monika. 1983. Unterrichts Rezepte. Beltz: Weinheim und Basel.

GREVING, Johannes; Paradies, Liane. 1996. Unterricht-Einstiege. Cornelsen: Berlin.

GRUDEM, W. 1994. Systematic Theology. An Introduction to biblical doctrine. Zondervan: Grand Rapids.

HAAS, R./HAUG, M. 1968. Helmut Thielicke – Prediger in unserer Zeit. Quell-Verlag: Stuttgart.

HAHN, F. 1998. „Apostel", in RGG, 4. Auflage, Band 1., S.635–638. Mohr Siebeck: Tübingen.

HAMON, Bill. 2000. Apostel und Propheten: die kommenden Bewegungen Gottes. Leuchter: Erzhausen.

HÄRTNER, Achim; Eschmann, Holger. 2001. Predigen lernen. Ein Lehrbuch für die Praxis. Anker: Stuttgart.

HENKYS, J. 1990. „Ansätze des Predigtverständnisses“ in BIERITZ, Karl-Heinrich & andere, Handbuch der Predigt. Evangelische Verlagsanstalt: Berlin, S.27–62.

HESSE, Joh. 1930. Die Mission auf der Kanzel. Calwer Vereinsbuchhandlung: Stuttgart.

HEMPELMANN, H. 1998. Gemeinde bauen in einer multikulturellen Gesellschaft. VLM: Bad Liebenzell.

HERBST. M.; Schneider, M. 2002. ... Wir predigen nicht uns selbst. Ein Arbeitsbuch für Predigt und Gottesdienst. Aussaat: Neukirchen-Vluyn.

HIRSCHLER, H. 1992. Biblisch predigen. 3. Auflage. Luther Verlag: Hannover.

HYBELS, B.; Briscoe, S.; Robinson, H. 2000. Weltbewegend predigen. Gottes Wort zeitgemäß kommunizieren. Gerth: Asslar.

HYBELS, B. 2002. Courageous Leadership. Zondervan: Grand Rapids.

HOPKINS, Bob. 1996. Gemeinde pflanzen. Church Planting als missionarisches Konzept. Aussaat Moers.

HUSAR, Andreas. 1987. Missionarische Predigt im Gottesdienst. Evangelische Verlagsanstalt: Berlin.

JAGELMAN, Ian. 1998. The Empowered Church. Releasing Ministry through Effective Leadership. Openbook Publishers Adelaide.

JENTSCH, Werner. 1982. Der Seelsorger. Beraten. Bezeugen. Befreien. Grundzüge biblischer Seelsorge. Brendow: Moers.

KAMPFFMEYER, Karl, Hrsg. 1980. Gesandt zu predigen. Ehrenfried Klotz: Göttingen.

KAMPHAUS, Franz. Von der Exegese zur Predigt. Über die Problematik einer schriftgemäßen Verkündigung. Matthias-Grünewald Verlag: Mainz.

KEEVIL, Philip W. 1999. Preaching in Revival: Preaching and a Theology of Awakening. University of America Press: Lanham.

KYRBY, Gilbert W. (Hrsg.) 1972. Der Ruf zur Evangelisation. Eine Strategie für die siebziger Jahre. WWP: London.

KLIPPERT, W. 1995. Vom Text zur Predigt. Brockhaus: Wuppertal und Zürich.

KOLLMANN, Harry. 1992. Praxisbuch Predigt-Vorbereitung. Wie Ihre Verkündigung lebendig wird. Neuhausen-Stuttgart.

KROL, Bram. 1994. Von der Kunst, kommunikativ zu predigen. C & P: Emmelsbüll.

KÜNG, Hans. 1968. The Church. Burns & Oates: London.

KURZ, R. 2000. Kirche bei den Menschen. Gerth: Asslar.

LANGE, E. 1976. Predigen als Beruf. Aufsätze, hrsg. von Rüdiger Schloz. Kreuz Verlag: Stuttgart-Berlin.

—. 1981. Kirche für die Welt. Aufsätze zur Theorie kirchlichen Handelns, hrsg. von Rüdiger Scholz. Burckhardhaus: München/Gelnhausen.

LANGE, J. 1985. Die Briefe St. Pauli an die Epheser, Kolosser, Philipper. Theologisch-homiletisches Bibelwerk. 9. Teil. Verlag von Belhagen und Klasing: Bielefeld und Leipzig.

LANGER, Wolfgang. 1975. Praxis des Bibel-Unterrichts. Calwer Verlag: Calw.

LARSEN, David L. 1995. Telling the Old, Old Story. The Art of Narrative Preaching. Kregel: Grand Rapids.

LERLE, Ernst. 1989. Kontaktstark verkündigen. Grundzüge bibeltreuer Predigt. Hänssler: Neuhausen-Stuttgart.

LISCHER, R. 1981. A Theology of Preaching. Abingdon: Nashville.

LINCOLN, Andrew T. 1990. Ephesians. Word Biblical Commentary. Bd. 42. Word Dallas.

LOGAN, Robert E. 1992. Mehr als Gemeindewachstum. Aquila Verlag Frankfurt a.M.

LOHSE, E. 1953. Ursprung und Prägung des christlichen Apostolats. Kohlhammer: Stuttgart.

LÜCK, Wolfgang; Schweitzer, Friedrich. 1999. Religiöse Bildung Erwachsener. Grundlagen und Impulse für die Praxis. Kohlhammer: Stuttgart/Berlin/Köln.

MEYER, Herbert. 1993. Leitfaden zur Unterrichtsvorbereitung. Cornelsen: Berlin.

MARGULL, H.J. 1959. Theologie der missionarischen Verkündigung. Quell-Verlag: Stuttgart.

MARSHALL, J. Howard. 2000. „Who Were the Evangelists?“ In The Mission of the Early Church to the Jews und Gentiles, ed. by Jostein Adna and Hans Kvalbein. Mohr Siebeck: Tübingen, S. 251–264.

MAUERHOFER, Armin. 2001. Pädagogik nach biblischen Grundsätzen. Bd. 1–2. Hänssler: Holzgerlingen.
MAYNARD-REID, Pedrito U. 1996. Complete Evangelism. Herald Press: Scottdale, PA.
MONTOYA, Alex. 2000. Preaching with Passion. Kregel: Grand Rapids.
MORGENTHALER, Christoph. 1999. Systemische Seelsorge. Impulse der Familien und Systemtherapie für die kirchliche Praxis. Kohlhammer: Stuttgart, Berlin, Köln.
MÖLLER, Chr. 1970. Von der Predigt zum Text. Kaiser: München.
MÖLLER, Chr. 1983. Seelsorgerlich predigen. Die parakletische Dimension von Predigt. Seelsorge und Gemeinde. Vandenhoeck & Ruprecht: Göttingen.
MÜLLER, H.M. 1996. Homiletik. de Gruyter: Berlin/New York.
MÜLLER, W. 1990. Erkennen, unterscheiden, begegnen. Das Seelsorgerliche Gespräch. Matthias Grünewald Verlag: Mainz.
MÜLLER-SCHWEFE, H.-R. 1973. Die Praxis der Verkündigung. Furche: Hamburg.

NICHOLS, J.R. 1980. Building the Word: The Dynamics of Communication and Preaching. Harper & Row: San Francisco.
NICOL, Martin. 1990. Gespräch als Seelsorge. Vandenhoeck & Ruprecht: Göttingen.

OBST, Helmut. 1996. Neuapostolische Kirche – die Exklusive Endzeitkirche? R.A.T. Band 8. Friedrich Bahn Verlag: Neukirchen-Vluyn.
—. 2000. Apostel und Propheten der Neuzeit. Vandenhoeck & Ruprecht: Göttingen.
ÖRK 1963. Salz der Erde. Eine theologische Besinnung über die Evangelisation. ÖRK: Genf.
OLLROG, W.-H. 1979. Paulus und seine Mitarbeiter: Untersuchungen zur Theorie und Praxis der paulinischen Mission. Neukirchener Verlag: Neukirchen.
OTTO, Gert. Rhetorische Predigtlehre. Ein Grundkurs. Matthias-Grünewald Verlag: Mainz/Leipzig

PACKER, J.I. 1961. Evangelism and the sovereignty of God. Inter-Varsity Press: Chicago.

PETERSE, H.J.C. 1987. Communicative Preaching. Unisa Press: Pretoria.
—. 1984. „Contextual Preaching." In Journal of Theology for Southern Africa Nr. 46.
PFLIEGLER, M. 1965. Kerygmatik. Tyrolia: Innsbruck.
PHILIBERT, Michael. 1963. Christ's preaching and ours. Edinburg House: Edinburg.
PIENISCH, Markus. 1995. Kommunikation und Gottesdienst. Grundlinien göttlicher Zuwendung in Bibel und Verkündigung. Hänssler: Neuhausen-Stuttgart.
PIPER, Hans-Christoph. 1981. Kommunizieren lernen in Seelsorge und Predigt. Vandenhoeck & Ruprecht: Göttingen.
POETSCH, Hans-Lutz. 1981. Grundsätze evangelistischer Verkündigung. Harms: Oesingen.
POKORNY, P. 1992. Der Brief des Paulus an die Epheser. Theologischer Handkommentar zum Neuen Testament Bd. 10/II. Evangelische Verlagsanstalt: Leipzig.
POMPE, Hans-Hermann. 1996. Der erste Atem der Kirche. Urchristliche Hausgemeinden – Herausforderung für die Zukunft. Aussaat Moers.
RAMSEY, Lee. 2000. Care-full Preaching. Chalice: St. Louis.
READ, Peter. 1987. Preaching. Religious and Theological Studies Fellowship: Leicester.
REIMER, J. 1994. „Mission des frühen russischen Mönchtums". Unveröffentlichte DTh Dissertation. Pretoria UNISA. Veröffentlicht als: 1996. Missionerskaja dejatel'nost' drevnerusskogo monashestva. Logos: St. Petersburg/Lage.
RENGSTORF, Karl H. 1933. „apostelo", in: TWNT, 1, S. 397–4.
REUTER, I. 2000. Predigt verstehen. Grundlagen einer homiletischen Hermeneutik. Evangelische Verlagsanstalt: Leipzig.
RICHARDS, L. 1975. Christian Education. Seeking to become like Jesus Christ. Zondervan: Grand Rapids.
RIECKER, Otto. 2001. Das evangelistische Wort. Die Menschen erreichen. Holzgerlingen.
ROBINSON, Haddon W. 1992. Wasser auf dürres Land. Biblisch predigen. CVG: Dillenburg.
—. 1992a. Predige das Wort. Vom Bibeltext zur lebendigen Predigt. CVG: Dillenburg.

ROLOFF, J. 1978. „Apostel, Apostolat, Apostolizität“, in TRE, Band 3. Berlin/New York: Walder de Gruyter, S. 430–445.

RORDORF, Willi. 1964. „Was wissen wir über christliche Gottesdiensträume der vorkonstantinischen Zeit?“ In ZNW 55:110–128.

RUSH, Myron. 1991. Mitarbeiter führen – der biblische Weg. 2. Aufl. Asslar.

RUST, Heinrich Christian. 1993. Arbeiten und arbeiten lassen. Oncken: Wuppertal und Kassel.

RUTHE, R. 1993. Seelsorge – wie macht man das? Grundfragen für das therapeutisch-seelsorgerliche Gespräch. Brunnen: Gießen.

SCHAEFER, Eckhard (Hrsg.). 2000. Wir predigen Christus als den Gekreuzigten. Die Rechenschaft vom Glauben in Predigten ausgelegt. Oncken: Kassel.

SCHÄDELIN, A. 1953. Die rechte Predigt. Zwingli-Verlag: Zürich.

SCHARFENBERG, Joachim. 1972. Seelsorge als Gespräch. Vandenhoeck & Ruprecht: Göttingen.

SCHALLER; Lyle E. 1995. The New Reformation. Abingdon: Nashville.

SCHÄUFELE, W. 1966. Das missionarische Bewusstsein und Wirken der Täufer dargestellt nach oberdeutschen Quellen. Neukirchener Verlag: Neukirchen-Vluyn.

SCHWERMER, Josef. 1991. Das helfende Gespräch in der Seelsorge. Bonifatius: Paderborn.

SCOGGINS, Dick. 2002. Der Bau von miteinander vernetzten Hausgemeinden. Heimberg: Kingdom Ministries.

SCHIEDER, J. 1957. Unsere Predigt. Chr. Kaiser: München.

SCHLEIERMACHER, Friedrich. 1884. Die Christliche Sitte. 2.Aufl. Berlin.

SCHMITHALS, W. 1961. Das kirchliche Apostelamt. Vandenhoeck & Ruprecht: Göttingen.

SCHNACKENBURG, R. 1982. Der Brief an die Epheser. EKK, Bd. X. Benziger Zürich, Einsiedeln, Köln.

SCHREINER, H. 19.49. Die Verkündigung des Wortes Gottes. Verlag Friedrich Bahn: Schwerin.

SCHÜTZ, W. 1972. Geschichte der christlichen Predigt. Walter de Cruyter: Berlin.

—.1981. Probleme der Predigt. Vandenhoeck & Ruprecht: Göttingen.

SCHULTE, Anton. 1979. Evangelisation praktisch. Brendow Verlag Moers.

SCHWARZ, A. 1986. Praxis der Predigtvorbereitung. Styria: Graz-Wien-Köln.

SCHWEITZER, O. 1986. Werkbuch Hauskreis. Brockhaus: Wuppertal.

SEITZ, M. 1978. Praxis des Glaubens. Gottesdienst, Seelsorge und Spiritualität. Vandenhoeck & Ruprecht: Göttingen.

SIMSON, Wolfgang. 1999. Häuser, die die Welt verändern. C&P: Emmelsbüll.

SORG, Theo. 1984. Grundlinien biblischer Verkündigung. TVG Brunnen: Gießen.

SPURGEON, Charles H. 1986. Ratschläge für Prediger. Oncken: Kassel.

STARY, Joachim. 1997.Visualisieren. Cornelsen: Berlin.

STOTT, John. 1983. I believe in Preaching. Hodder & Stoughton: London, Sydney, Auckland, Toronto.

STOTT, John. 2001. Die Botschaft des Epheserbriefes. VTR: Nürnberg.

THIELICKE, H. 1988. Auf der Suche nach dem verlorenen Wort. Lübbe: Bergisch Gladbach.

THIMME, Hans. 1979. Evangelistische Verkündigung in der Volkskirche. Schriftenmissions-Verlag: Gladbeck.

THILO, Hans-Joachim. 1971. Beratende Seelsorge. Vandenhoeck & Ruprecht: Göttingen.

TOEWS, Jacob J. 1992. Gemeinde leben. Ein biblisches Konzept. Logos: Bielefeld.

TRILLHAAS, Wolfgang. 1964. Evangelische Predigtlehre. Kaiser: München.

TURNEYSEN, E. 1927. Das Wort Gottes und die Kirche. Chr. Kaiser: München.

... 1968. Seelsorge im Vollzug. EVZ: Zürich.

UHSADEL, Walter. 1963. Die gottesdienstliche Predigt. Quelle & Meyer: Heidelberg.

VAN ENGEN, Charles. 1996. Mission on the Way. Baker Books: Grand Rapids.

VON KRIEGSTEIN, M. 1979. Predigt als Gespräch. Kohlhammer: Stuttgart.

WALLDORF, Friedeman. 1999. Mission und Neuevangelisierung in Europa. Grundlinien kontextueller Missionskonzepte (1979–1992). Unveröffentlichte DTh Dissertation. UNISA Pretoria.

WARREN, Rick. 1999. Kirche mit Vision. Gemeinde, die den Auftrag Gottes lebt. 2. Aufl. Asslar.

WIERSBE, Warren W. 1999. The Dynamics of Preaching. Baker Books Grand Rapids.

WIESKE, G. 1998. Gemeindepädagogik für die Praxis. Puls: Bonn.

WRIGHT, Walter C. 2003. Der Beziehungsfaktor. Mitarbeiterorientiert führen. Ziele gemeinsam erreichen. Brunnen: Gießen.

ZERFASS, R. 1992. Grundkurs Predigt. Patmos: Düsseldorf.

ZIEMER, Jürgen. 2000. Seelsorgelehre. Vandenhoeck & Ruprecht: Göttingen.